Computer Bild

Computent statt compliziert

Prinz & Müller

Windows 98

kurz und bündig

6 Internet – Mit Windows 98 ins Internet 66

7 Festplatten – Festplatten und andere Datenträger verwalten 80

8 Konfiguration – Windows 98 konfigurieren 89

Anhang 102

Thomas Hoffmann
Herausgeber

Zu diesem Buch

Wenn die neue Version eines wichtigen Programms erscheint, hat man als Buchproduzent zwei Alternativen: Entweder man setzt auf ein möglichst frühes Erscheinen des Druckwerks, nimmt daher eine Vorabversion der Software und erklärt in epischer Breite die Unterschiede zum Vorgänger, auch auf die Gefahr hin, daß das Produkt im Laden eventuell etwas anders aussieht. Oder man wartet auf die endgültige Fassung, nimmt dabei in Kauf, nicht ganz so schnell am Markt zu sein, und widmet das Buch denjenigen, die zum ersten Mal mit diesem Programm arbeiten (müssen).

Im Falle von Windows 98 haben wir uns für den zweiten Weg entschieden. Zielgruppe dieses Buches sind alle, die zum ersten Mal am Computer sitzen oder vorher mit Windows 3.1 oder einem anderen PC-Betriebssystem gearbeitet haben. Wer jetzt einen neuen Computer kauft, hat sowieso kaum noch eine Wahl: Windows 98 ist üblicherweise auf der Festplatte bereits vorinstalliert.

Selbstverständlich erklären wir Ihnen auch, wie Sie Windows 98 über eine ältere Windows-Version installieren. Danach aber geht es schrittweise an die grundsätzliche Bedienungsweise des Betriebssystems und seiner wichtigsten Hilfsprogramme. Sie erfahren, wie Sie beispielsweise Dateien kopieren, Ordner anlegen oder den Windows-Bildhintergrund verändern. Oder wie Sie die Windows-Arbeitsoberfläche zweckmäßig einrichten. Sie lernen, wie Sie blitzschnell die wichtigsten Befehle aufrufen und wie Sie den Drucker korrekt einrichten. Das alles lesen Sie, wie von ComputerBILD, Europas größter Computer-Zeitschrift, gewohnt, in leichtverständlichen und sofort nachvollziehbaren Schritt-für-Schritt-Anleitungen.

1 Windows 98 installieren

Windows 98 ist der Nachfolger des erfolgreichen Betriebssystems Windows 95, das am 24. August 1995 das Licht der Welt erblickte. In der Zwischenzeit hat es jedoch so viele Neuentwicklungen gegeben, daß es notwendig wurde, das Betriebssystem aufzufrischen. Allen voran spielt das Internet in Windows 98 eine ganz besondere Rolle: Es verschmilzt praktisch mit dem Betriebssystem. Der Internet Explorer - das ultimative Werkzeug zum „Surfen“ im Internet - ist nun in die Benutzeroberfläche eingebunden. Sogar die Bedienung der Ordner, Dateien und anderer Objekte erfolgt auf Wunsch nach Internet-Manier. Zahlreiche weitere Neuerungen wie neue Assistenten, verbesserte Systemprogramme oder zusätzliche Tools und Programme runden das Angebot ab. Kurzum: Ein Umstieg von Windows 95 auf das neue, frische und aktualisierte Windows 98 lohnt sich auf jeden Fall.

Damit der Umstieg problemlos funktioniert, ist Windows 98 mit einem äußerst einfachen Installationsprogramm ausgestattet. Im Prinzip brauchen Sie nichts anderes zu tun, als die Windows-98-CD-ROM in das CD-ROM-Laufwerk zu legen. Den Rest erledigt der Setup-Assistent. Doch auch nach der Installation läßt Sie Windows 98 nicht im Stich. So können Sie beispielsweise jederzeit Komponenten, die bei der Erstinstallation unberücksichtigt blieben, nachträglich einrichten. Und sollten Sie doch wieder zum alten Windows 95 zurückkehren wollen, versperrt Ihnen Windows 98 keinesfalls den Weg. Auf Wunsch räumt Windows 98 die Bühne und stellt den Ursprungszustand wieder her.

Kapitel-Wegweiser

Windows 98 über Windows 95 installieren

Wenn auf Ihrem Computer bereits der Windows-98-Vorgänger Windows 95 installiert ist, können Sie Ihre bisherige Windows-Version rasch auf die neueste Windows-98-Version trimmen. Nach etwa 30 bis 60 Minuten ist die Installation abgeschlossen. Alle Programmeinstellungen bleiben dabei erhalten, so daß Sie sofort mit Ihren bisherigen Programmen weiterarbeiten können.

1 Schalten Sie Ihren Computer ein, und starten Sie Ihr bisher installiertes Betriebssystem Windows 95.

2 Legen Sie anschließend die Windows-98-CD-ROM in das CD-ROM-Laufwerk ein. Nach wenigen Augenblikken erscheint automatisch das Dialogfenster

.

Bestätigen Sie die Frage, ob Sie Ihre bisherige Windows-Version aktualisieren möchten, mit einem Mausklick auf die Schaltfläche

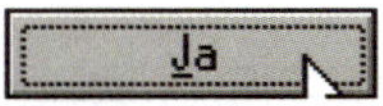

.

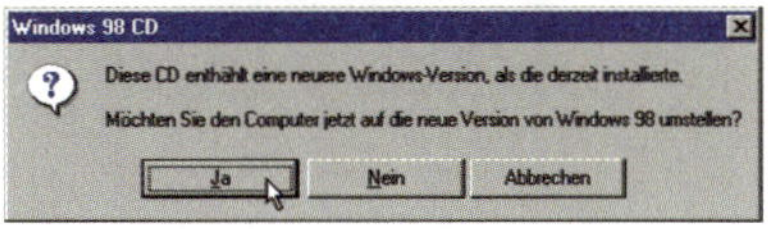

3 Windows startet daraufhin das Windows-98-Installationsprogramm.

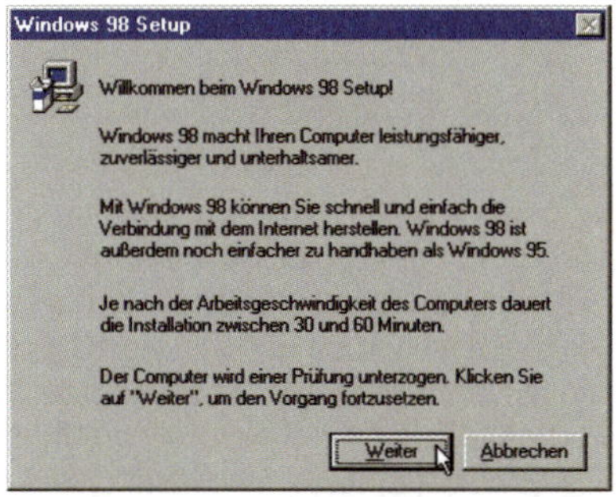

Bestätigen Sie das Begrüßungsfenster mit einem Mausklick auf

.

4 Anschließend unterzieht Windows die Festplatten einer gründlichen Untersuchung, um mögliche Fehlerquellen bereits im Vorfeld ausfindig zu machen.

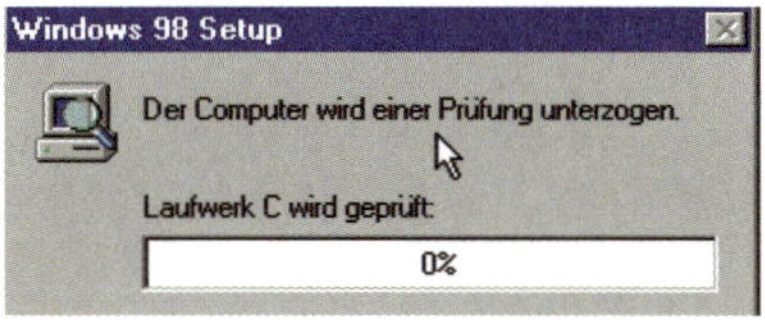

5 Nach dem Prüfvorgang führt Sie der Setup-Assistent Schritt für Schritt durch die Installation. Zunächst müssen Sie dem Lizenzvertrag zustimmen.

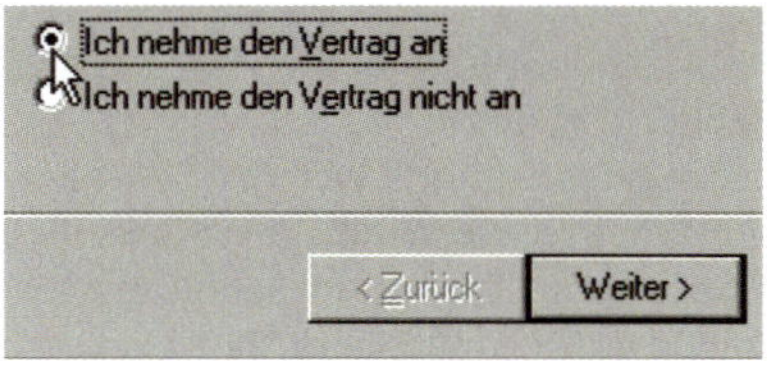

Markieren Sie hierzu die Option

Ich nehme den Vertrag an,

und klicken Sie auf

Weiter >.

6 Nun prüft Windows Ihr System und bereitet die Verzeichnisse für die Installation vor. Danach möchte Windows von Ihnen wissen, ob alle bisherigen DOS- und Windows-95-Systemdateien gesichert werden sollen.

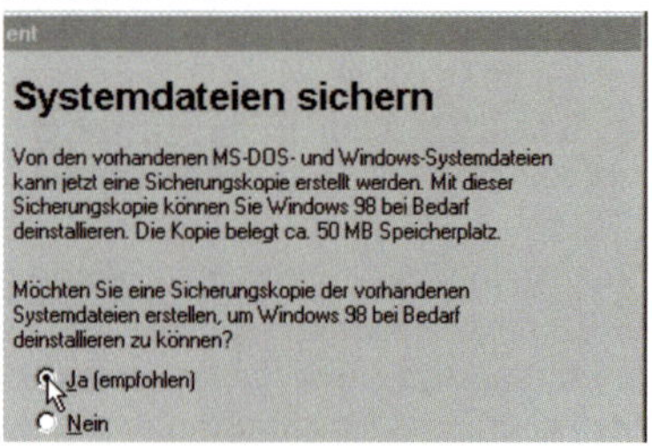

Der Vorteil: Wenn Sie sich für die Option

Ja (empfohlen)

entscheiden, können Sie Windows 98 später wieder von der Festplatte entfernen und zu Windows 95 zurückkehren. Allerdings werden hierzu auch 50 **MegaByte** Festplattenspeicherplatz benötigt. Treffen Sie Ihre Wahl, und klicken Sie auf

Weiter >.

7 Nachdem Windows die Systemdateien gesichert hat, zeigt Ihnen das Setup-Programm, mit welchen Einstellungen Windows 98 installiert wird. Lassen Sie die Einstellungen unverändert, und fahren Sie mit einem Mausklick auf

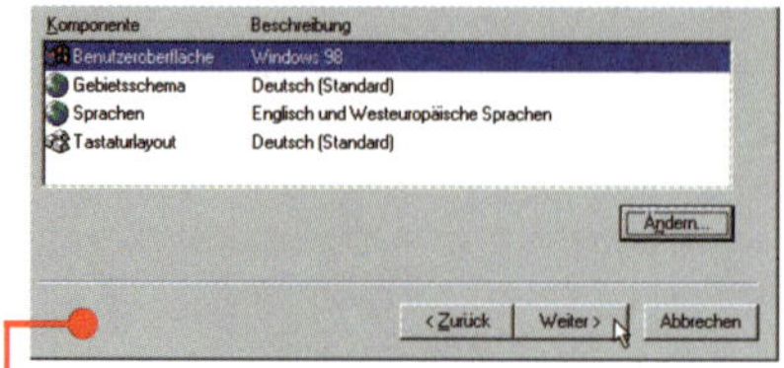

Weiter > fort.

8 Bestätigen Sie auch das nachfolgende Dialogfenster mit Weiter >.

Im nächsten Fenster fordert Windows Sie auf, eine Notfalldiskette anzulegen.

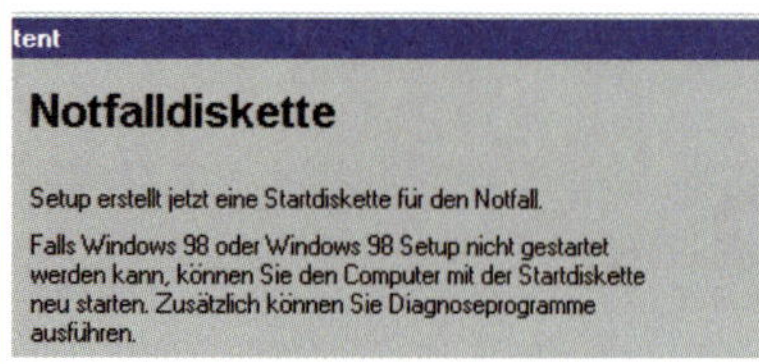

Klicken Sie hierzu auf die Schaltfläche

Weiter >.

9 Legen Sie – sobald Windows Sie dazu auffordert – eine leere Diskette in das Diskettenlaufwerk, und bestätigen Sie die Aufforderung mit OK.

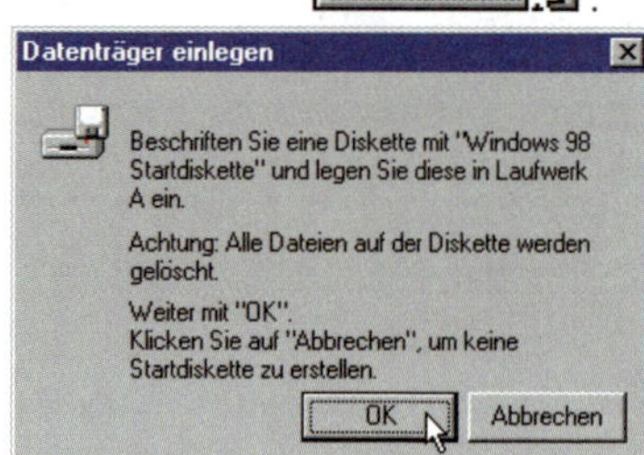

10 Anschließend kopiert das Setup-Programm die Dateien zur Sicherheit auf die Diskette. Sobald der Kopiervorgang abgeschlossen ist, entnehmen Sie die Diskette aus dem Laufwerk und bestätigen das Hinweisfenster mit

.

11 Klicken Sie auf die Schaltfläche

,

um mit dem Kopieren der Windows-98-Dateien zu beginnen.

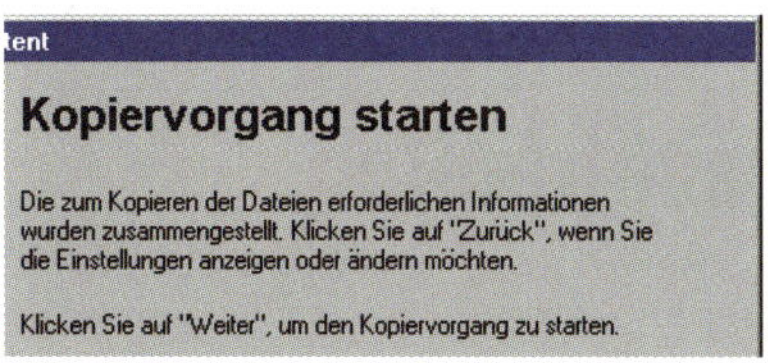

12 Der Setup-Assistent installiert anschließend die Windows-98-Dateien auf Ihre Festplatte. In der unteren linken Ecke können Sie anhand des Statusbalkens erkennen, wie weit die Installation bereits fortgeschritten ist.

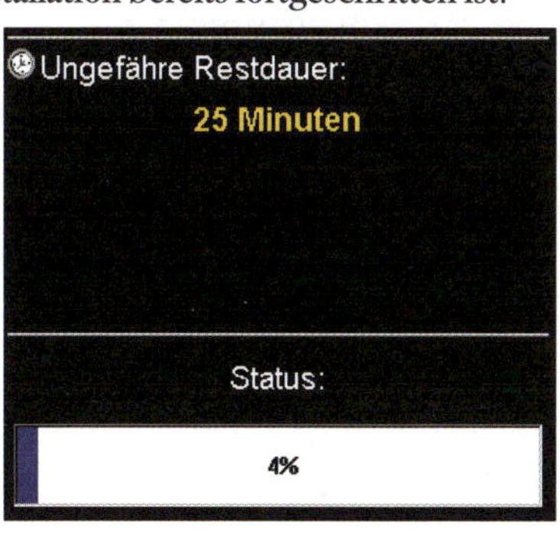

Um Ihnen die Wartezeit zu „versüßen", erhalten Sie während des Kopiervorgangs schon einmal einen kurzen Überblick über die neuen Funktionen des Betriebssystems.

13 Nachdem alle Dateien auf die Festplatte kopiert wurden, fordert Windows Sie auf, den Computer neu zu starten. Klicken Sie hierzu auf die Schaltfläche

.

14 Nach dem Neustart richtet Windows Ihre Hardware-Komponenten ein. Das Installationsprogramm erkennt automatisch, welche Komponenten in Ihrem PC eingebaut sind, und bereitet sie auf die Zusammenarbeit mit Windows 98 vor. Nach der Hardware-Erkennung muß der Computer neu gestartet werden. Warten Sie entweder 15 Sekunden, oder klicken Sie auf die Schaltfläche

.

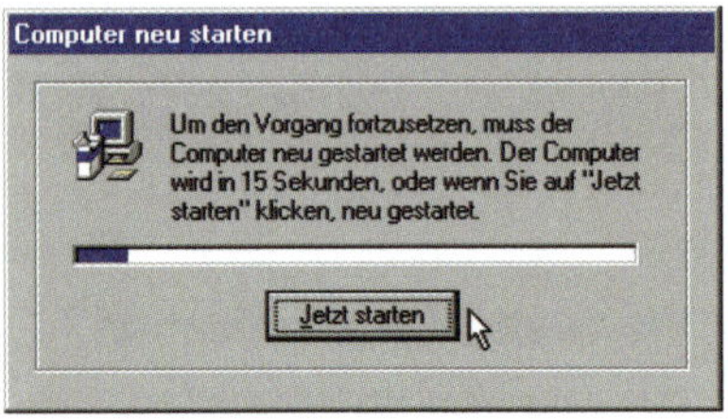

15 Danach installiert Windows wichtige Komponenten wie die Systemsteuerung, das Start-Menü oder die Windows-Hilfe. Nachdem Windows die Systemkonfiguration gespeichert hat, muß der Computer ein letztes Mal neu gestartet werden. Warten Sie hierzu im Dialogfenster

Computer neu starten

erneut 15 Sekunden, oder klicken Sie auch hier auf die Schaltfläche

Jetzt starten.

16 Die Windows-Installation ist damit abgeschlossen. Sie können nach dem Neustart sofort loslegen und mit Windows 98 arbeiten - viel Spaß!

Windows-Komponenten nachträglich installieren

Bei der ersten Installation von Windows 98 werden nicht alle Windows-Komponenten installiert. Das Installationsprogramm beschränkt sich beim ersten Mal lediglich auf die wichtigsten Dateien. Doch keine Sorge: Sie können jederzeit noch fehlende Komponenten nachinstallieren oder bereits installierte wieder entfernen.

1 Klicken Sie auf die Schaltfläche

Start,

und wählen Sie aus dem Menü

Einstellungen

den Befehl

Systemsteuerung.

2 Klicken Sie anschließend doppelt, also zweimal kurz hintereinander, auf das Symbol

Software.

3 Im nachfolgenden Dialogfenster aktivieren Sie das Register

Windows Setup.

In der Liste

Komponenten:

erkennen Sie, welche Komponenten auf Ihrem System bereits installiert sind und welche noch fehlen.

Wenn vor dem Eintrag ein schwarzes Häkchen im weißen Kasten erscheint

,

sind sämtliche Module dieser Komponenten installiert. Fehlt das Häkchen

,

ist die Komponente noch nicht installiert. Wird das Häkchen grau unterlegt angezeigt ,

sind einige, aber nicht alle Komponenten installiert.

4 Um eine Komponente nachträglich zu installieren, kreuzen Sie den gewünschten Eintrag per Mausklick an, so daß das Kontrollkästchen mit einem Häkchen versehen wird.

Sofern Sie nicht alle Elemente dieser Komponente installieren möchten, klikken Sie auf

,

markieren im nächsten Fenster die gewünschten Teilkomponenten und bestätigen mit

.

5 Schließen Sie das Dialogfenster mit

.

Wenn Sie neue Komponenten ausgesucht haben, verlangt Windows nach der Installations-CD und richtet anschließend die notwendigen Dateien ein.

Windows 98 wieder entfernen

Kaum zu glauben: Windows 98 verschwindet auf Wunsch genau so schnell wieder, wie es gekommen ist. Falls Sie erneut zum alten Betriebssystem Windows 95 zurückkehren wollen, können Sie Windows 98 wieder von der Festplatte entfernen - vorausgesetzt, Sie hatten sich bei der Installation von Windows 98 für die Sicherung der Systemdateien entschieden.

1 Klicken Sie auf die Schaltfläche

und anschließend auf die Befehle

und 
.

2 Im Fenster der Systemsteuerung klicken Sie doppelt auf das Symbol

.

3 Markieren Sie im nachfolgenden Dialogfenster

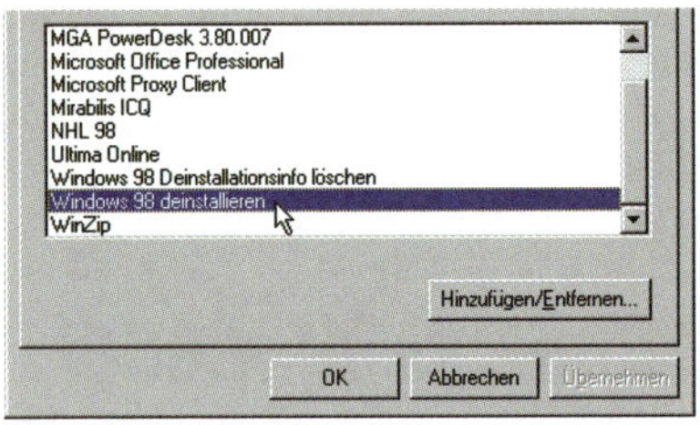

in der Liste der installierten Anwendungen den Eintrag

.

Klicken Sie dann auf die Schaltfläche

.

4 Im nächsten Fenster macht Windows Sie noch einmal darauf aufmerksam, daß die Deinstallation nicht ohne Folgen bleibt.

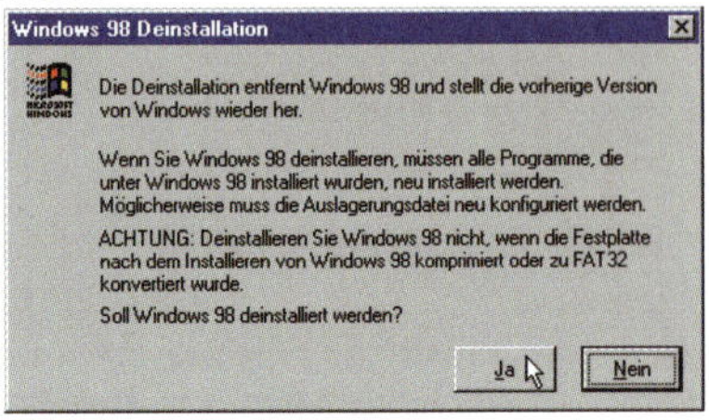

So müssen Sie beispielsweise sämtliche Programme, die Sie nach der ersten Installation von Windows 98 installiert haben, später noch einmal installieren. Wenn Sie dennoch fortfahren möchten, klicken Sie auf die Schaltfläche

.

5 Nachdem der Computer für die Deinstallation vorbereitet wurde, fährt Windows den PC herunter. Nach dem Neustart startet Windows im MS-DOS-Modus und beginnt mit der Deinstallation von Windows 98. Sobald die Deinstallation abgeschlossen ist, können Sie den Computer neu starten und wieder mit dem alten Windows-95-Betriebssystem arbeiten.

2 Die Oberfläche von Windows 98

Windows 98 ist denkbar einfach zu bedienen. Nach dem ersten Start des grafischen Betriebssystems sehen Sie sich einer recht aufgeräumten Arbeitsoberfläche gegenüber. Lediglich drei, vier Symbole sowie eine Leiste am unteren Bildschirmrand zieren die elektronische Schreibtischoberfläche. Doch gerade die spartanisch anmutende Ausstattung macht die Arbeit mit Windows zum Vergnügen. Denn kein unnötiger Schnickschnack oder sich überlappende Fenster irritieren den Anwender. Statt dessen macht die Start-Schaltfläche am linken unteren Bildschirmrand unmißverständlich klar, daß von hier aus sämtliche Windows-Aktivitäten ihren Anfang nehmen. Von hier aus können Sie nicht nur alle Programme und Dokumente öffnen, sondern auch Systemeinstellungen vornehmen oder die umfangreiche Hilfefunktion von Windows aufrufen. Die Task-Leiste dient zudem der Programmverwaltung: Alle aktiven Anwendungen erhalten in der Task-Leiste eine entsprechende Schaltfläche, so daß Sie in jeder Situation – auch wenn sich die Anwendungsfenster noch so sehr überlappen – den Überblick bewahren und blitzschnell zum gewünschten Programm wechseln können.

Auf der Arbeitsoberfläche begegnen Sie hingegen Symbolen und Ordnern, die wiederum Ordner mit weiteren Symbolen enthalten können. Die Bedienung der Ordner, Symbole und Anwendungsprogramme ist weitestgehend standardisiert, das heißt: Wer sich mit den Elementen des Windows-Bildschirms einmal vertraut gemacht hat, wird sich auch schnell in der Oberfläche jeder anderen Windows-Anwendung zurechtfinden. Sie stoßen stets auf bekannte Elemente. Ein Beispiel: In nahezu allen Windows-Anwendungen finden Sie zu Beginn einer Menüzeile das Datei-Menü, dicht gefolgt vom Bearbeiten-Menü. Diese Kontinuität setzt sich auch in den Dialogfenstern und Kontextmenüs von Windows 98 konsequent fort.

Kapitel-Wegweiser

Windows 98 starten und beenden

Sie möchten gleich mit Windows 98 loslegen? Dann müssen Sie das Betriebssystem zunächst einmal starten. Nach dem Start erscheint die Arbeitsoberfläche von Windows 98. Wenn Sie die Arbeit mit Windows 98 wieder beenden und alle geöffneten Anwendungen schließen wollen, nehmen Sie einen sogenannten **Systemabschluß** vor.

1 Um Windows 98 zu starten, schalten Sie einfach Ihren Computer ein und warten einige Augenblicke. Sobald Windows alle notwendigen Dateien von der Festplatte geladen hat, sehen Sie sich der grafischen Oberfläche von Windows 98 gegenüber.

Mitunter erscheint ein Dialogfenster zur Netzwerkanmeldung.

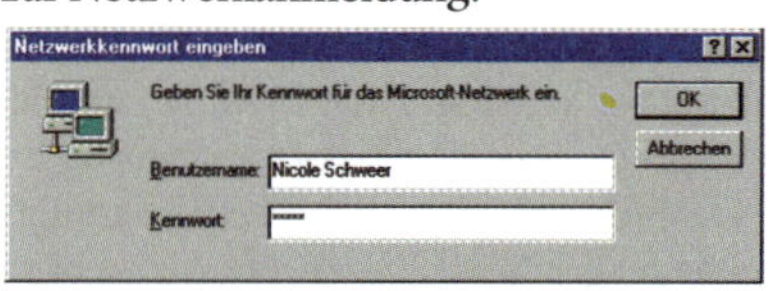

Geben Sie hier Name und Paßwort ein, und bestätigen Sie das Dialogfenster mit

[OK],

oder übergehen Sie die Anmeldung einfach per Mausklick auf die Schaltfläche

[Abbrechen].

2 Beim ersten Start von Windows 98 erscheint das Dialogfenster

Willkommen bei Windows 98,

das Sie mit den Neuerungen des Betriebssystems vertraut macht.

Klicken Sie im ersten Dialogfenster des Willkommensbildschirms auf die Schaltfläche [Weiter].

3 Im ersten Schritt können Sie Windows 98 zunächst bei der Firma Microsoft registrieren. Erst wenn Sie Windows 98 auf Ihren Namen registriert haben, können Sie den Software-Service von Microsoft nutzen und beispielsweise regelmäßig aktuelle Treiber oder Windows-Verbesserungen beziehen. Eine Registrierung ist aber nicht zwingend erforderlich. Um möglichst schnell mit Windows 98 weiterarbeiten zu können, klicken Sie einfach auf die Schaltfläche

[Später registrieren]

und im nachfolgenden Dialogfenster auf die Schaltfläche [Ja].

4 Klicken Sie im Willkommensfenster auf

Entdecken Sie Windows 98.

Im nachfolgenden Fenster haben Sie die Möglichkeit, eine Entdeckungstour durch Windows 98 zu starten. Die Informationen sind vor allem für Anwender sinnvoll, die von den Windows-98-Vorgängern Windows 3.1 oder Windows 95 auf Windows 98 umsteigen. Klicken Sie im Fenster auf einen der vier Menüpunkte, um die gewünschten Informationen abzurufen.

Wenn Sie wieder zum Willkommensfenster zurückkehren möchten, drücken Sie die Esc-Taste und bestätigen das nachfolgende Dialogfenster mit

Ja.

5 Schließen Sie das Willkommensfenster, indem Sie in der rechten oberen Ecke des Fensters auf die Schließ-Schaltfläche klicken.

6 Wenn Sie die Arbeit mit Windows beenden wollen, führen Sie einen Systemabschluß durch und fahren Windows 98 herunter. Klicken Sie hierzu auf die

Start-

Schaltfläche, und wählen Sie den Befehl

Beenden....

Markieren Sie im nachfolgenden Dialogfenster

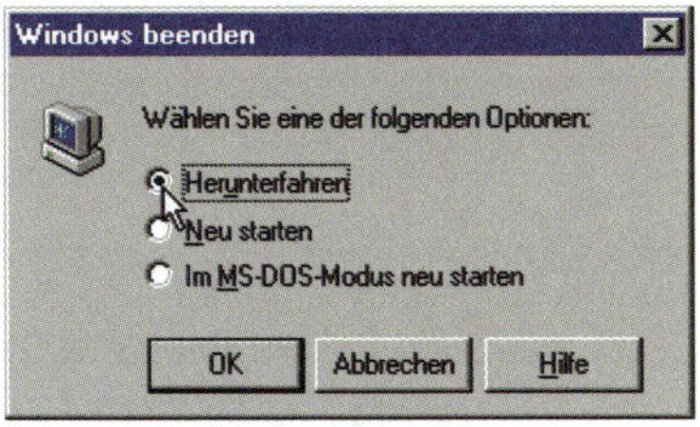

die Option

Herunterfahren,

und klicken Sie auf die Schaltfläche

OK.

Windows schließt daraufhin alle Anwendungen und fährt Windows 98 herunter. Falls Sie über einen neueren Computer verfügen, schaltet Windows auch gleich Ihren PC aus. Bei älteren Modellen erscheint nach dem Herunterfahren der Hinweis, daß Sie Ihren Computer nun ausschalten können.

Die Oberfläche von Windows 98

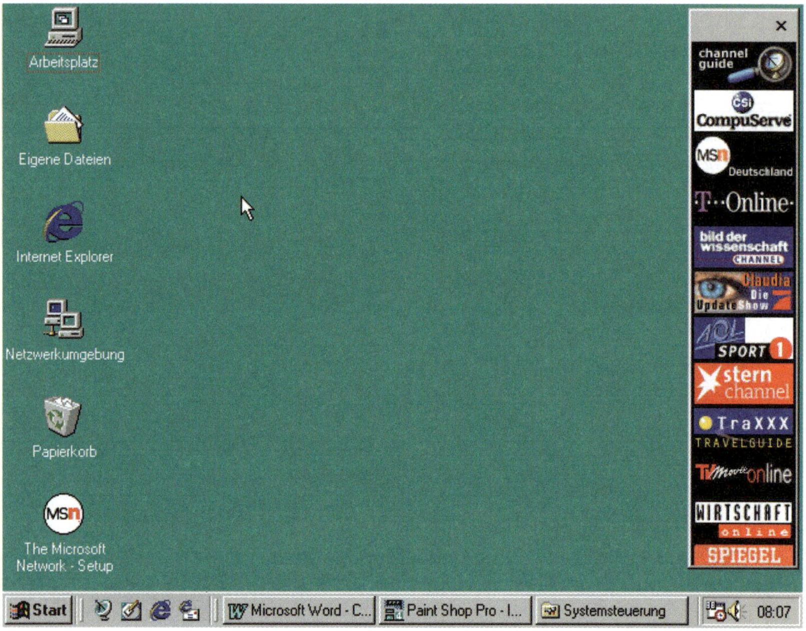

Die Arbeitsoberfläche von Windows 98 ist wie ein herkömmlicher Schreibtisch aufgebaut. Und wie Sie es von einem Schreibtisch gewohnt sind, können Sie hier Ihre Daten und Werkzeuge ablegen.

Am linken Fensterrand finden Sie standardmäßig fünf beziehungsweise sechs Symbole, mit deren Hilfe Sie beispielsweise auf Ihre Festplatten oder auf das Internet zugreifen können.

Mit dem ersten Symbol

erhalten Sie Zugriff auf alle Komponenten Ihres eigenen Computers; hierzu gehören neben den Laufwerken auch Schriftarten, Drucker und die Systemsteuerung.

Über das zweite Symbol

können Sie direkt auf Ihre eigenen gespeicherten Dateien - beispielsweise auf Ihre Briefe oder Grafiken - zugreifen.

Sofern Sie über einen Zugang zum Internet verfügen, entführt Sie das Symbol

in die unendliche Welt des **World Wide Web**. Der Internet Explorer ist ein sogenannter **Browser**, mit dem Sie durch Internet-Seiten blättern können.

Wenn Ihr Computer an ein Netzwerk angeschlossen ist, können Sie mit Hilfe des Symbols

auf sämtliche Ressourcen der Netzwerkumgebung zugreifen, etwa auf im Netzwerk freigegebene Laufwerke und Drucker. Das Symbol ist allerdings nur verfügbar, wenn Ihr Computer auch tatsächlich Teil eines Netzwerks ist.

Das Symbol

repräsentiert die Ablage „P", in der Sie all jene Dateien und Ordner ablegen, die sie garantiert nicht mehr benötigen. Der Clou: Einmal weggeworfene Dateien können Sie für eine bestimmte Zeit wieder aus dem digitalen Papierkorb herausfischen.

Hinter dem Symbol

verbirgt sich der Online-Dienst MSN von Microsoft. Hierbei handelt es sich um ein weltweites Internet-Netzwerk, über das Sie Dateien und Informationen austauschen können.

Eines der wichtigsten Elemente des Bildschirms ist die Task-Leiste am unteren Bildschirmrand.

Die Task-Leiste ist ständig sichtbar und stellt praktisch das zentrale Bedienelement von Windows 98 dar. Über die Schaltfläche

können Sie auf Programme und Dokumente zugreifen, Systemeinstellungen vornehmen, Dateien suchen, die Hilfe aufrufen und Windows beenden.

Rechts neben

finden Sie vier kleine Schaltflächen, über die Sie direkt die sogenannten **Channels** beziehungsweise den Desktop anzeigen oder direkt den Internet Explorer beziehungsweise das Mail-Programm Outlook Express starten können.

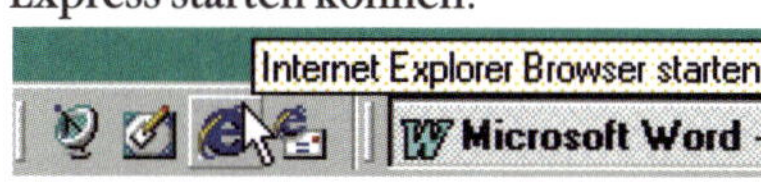

Rechts neben den vier Symbolen der Leiste erkennen Sie für jede neu gestartete Anwendung (auch „Task" genannt) ein eigenes Symbol mitsamt dem Namen der Anwendung. Somit sehen Sie stets, wie viele Anwendungen gleichzeitig aktiv sind, und können per Mausklick zwischen den einzelnen Programmen wechseln.

In der rechten unteren Ecke erscheint die aktuelle Uhrzeit. Mitunter tauchen hier auch andere Symbole auf, zum Beispiel ein Lautsprecher oder das Symbol des Task-Planers.

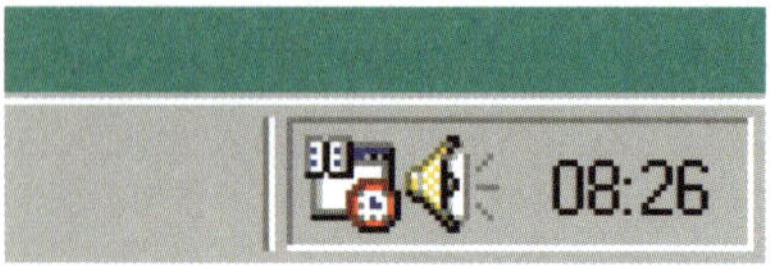

Fensterbedienung

In Windows 98 werden Ihnen immer wieder unterschiedliche Fenster begegnen. Alle Fenster verfügen jedoch über die gleichen Bedienelemente, mit deren Hilfe Sie die Größe und Position des Fensters verändern können.

1 In der linken oberen Ecke jedes Fensters finden Sie das sogenannte Fenstermenüfeld. Ein Mausklick auf das Feld öffnet ein Menü, das verschiedene Befehle zum Verschieben, Vergrößern und Schließen eines Fensters bereitstellt.

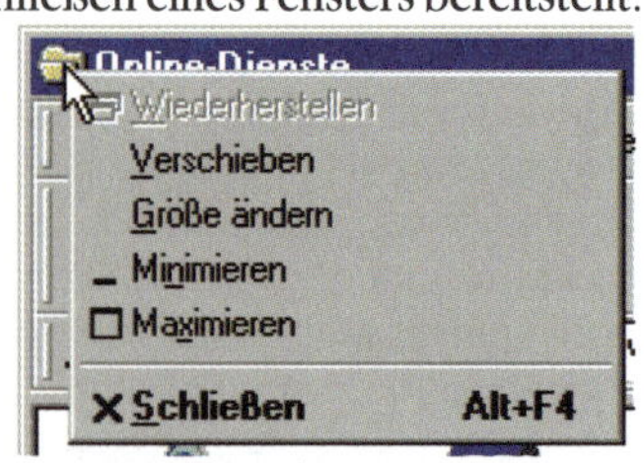

2 Um ein Fenster mit der Maus zu verschieben, klicken Sie auf die Titelleiste

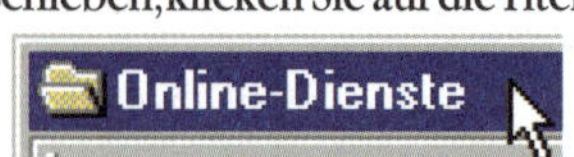

, halten die Maustaste gedrückt und ziehen das Fenster mit gedrückter Maustaste an die gewünschte Position.

3 Unterhalb der Titelzeile finden Sie in jedem Fenster eine Menüzeile mit Menübefehlen wie

oder

.

Zudem verfügt fast jedes Fenster über eine Symbolleiste mit unterschiedlichen Schaltflächen, über die Sie beispielsweise zum vorherigen Fenster zurückspringen können.

4 Damit die Größe eines Fensters verändert wird, klicken Sie an eine beliebige Stelle des Fensterrahmens. Der Mauszeiger nimmt daraufhin die Form eines Doppelpfeils

an. Halten Sie die linke Maustaste gedrückt, und ziehen Sie den Mauszeiger - mit weiterhin gedrückter Maustaste - an die gewünschte Position.

5 Wenn das Fenster den gesamten Bildschirm ausfüllen soll, klicken Sie in der rechten oberen Ecke des Fensters auf das Vollbild-Symbol

.

Befindet sich das Fenster bereits im Vollbild-Modus, erscheint statt dessen das Wiederherstellen-Symbol

.

Nach einem Klick auf dieses Symbol wird das Fenster wieder in der ursprünglichen Größe darstellt. Um ein Fenster auf Symbolgröße zu verkleinern, klicken Sie auf das Feld .

Das Fenster erscheint dann nur noch als Symbol in der Task-Leiste. Sofern Sie das Fenster komplett schließen möchten, klicken Sie einfach auf die Schaltfläche

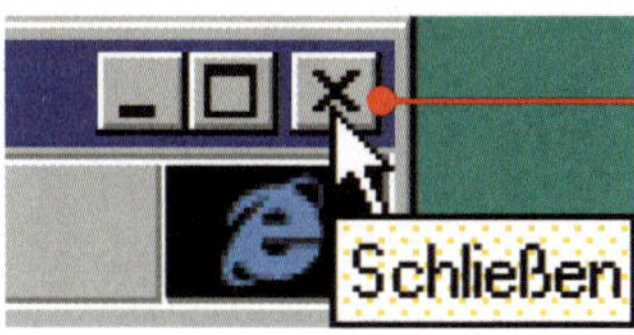

.

Menüs und Menübefehle

Menüs und Menübefehle spielen in Windows 98 eine zentrale Rolle. Nahezu alle Funktionen und Befehle von Windows und Windows-Anwendungen können Sie über Menübefehle aktivieren.

1 Fast jedes Fenster und jedes Programm verfügt am oberen Rand über eine Menüzeile. Das Angebot an Menüs und Menübefehlen ist dabei von Programm zu Programm unterschiedlich. Zumeist sind in einem Menü bestimmte Befehle eines Programms thematisch geordnet.

2 Um ein Menü zu öffnen, klicken Sie einmal mit der linken Maustaste auf den gewünschten Menütitel, zum Beispiel auf 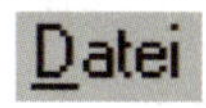.

Sie können das Menü auch mit der Tastatur öffnen, indem Sie die [Alt]-Taste gedrückt halten und den unterstrichenen Buchstaben tippen, etwa [Alt] und [D] für das -Menü.

Die Menüleiste klappt nach unten aus und präsentiert die verfügbaren Befehle. Mit der Maus können Sie nun durch die Menüvielfalt fahren. Die Auswahl eines Befehls erfolgt per Mausklick auf den Befehlsnamen. Alternativ können Sie auch hier über die Tastatur den unterstrichenen Buchstaben eingeben.

3 Mitunter können Sie nicht alle Befehle eines Menüs auswählen. In diesem Fall ist der deaktivierte Menübefehl hellgrau abgeblendet, zum Beispiel

.

Beim Anklicken des deaktivierten Befehls geschieht überhaupt nichts.

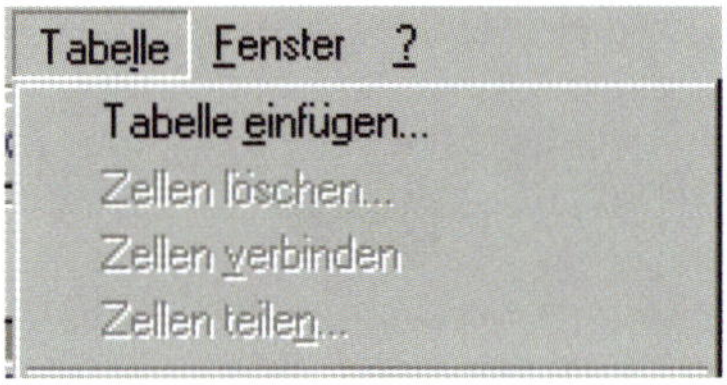

4 Wenn neben dem Menübefehl ein kleiner Pfeil

erscheint, öffnet sich ein weiteres Untermenü, sobald Sie den Menübefehl mit dem Pfeil anwählen.

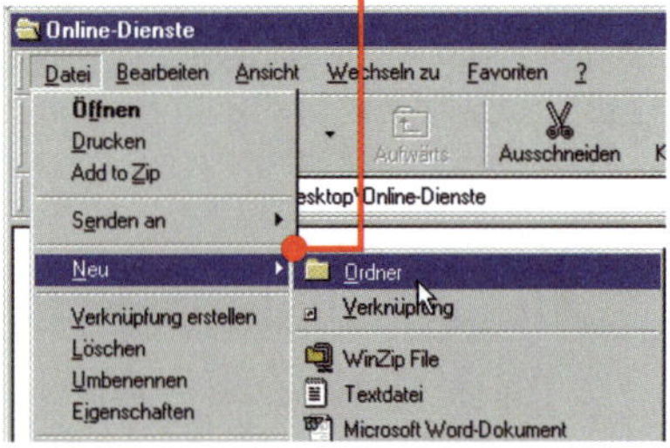

5 Drei Fortsetzungspunkte

neben einem Menübefehl signalisieren, daß der Befehl nicht sofort ausgeführt wird. Statt dessen erscheint ein Dialogfenster, in dem Sie weitere Einstellungen vornehmen können.

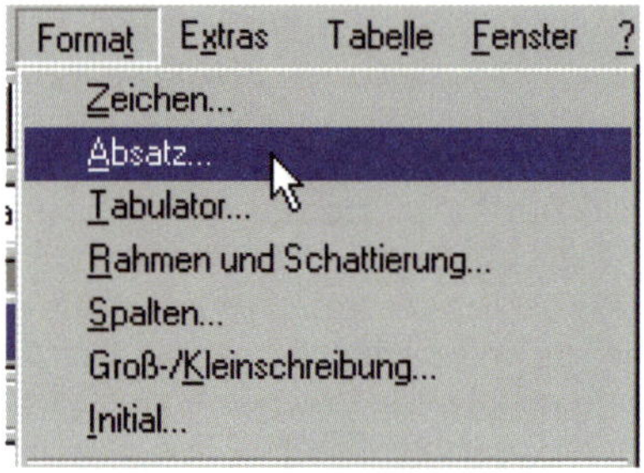

6 Einige Menüpunkte sind mit einem Häkchen

oder einem Punkt

gekennzeichnet und zeigen damit an, daß eine bestimmte Option gerade eingeschaltet ist. Durch erneute Anwahl des Befehls aktivieren beziehungsweise deaktivieren Sie die Option wieder. Das Häkchen oder der Punkt verschwindet dann.

Kontextmenüs

Nicht nur in der Menüzeile einer Anwendung oder eines Fensters lassen sich Menüs öffnen. Windows 98 kennt auch sogenannte Kontextmenüs.

1 Kontextmenüs sind eine besondere Menüform von Windows. Ihren Namen verdanken sie der Tatsache, daß sie nur Befehle bereitstellen, die in dem gegebenen Kontext - also in der jeweiligen Situation - verfügbar sind. Als Kontext gilt dabei das jeweils markierte beziehungsweise angeklickte Objekt. Bei einem Drucker können Sie über das Kontextmenü zum Beispiel den Drucker anhalten. Ein Ordner wiederum läßt sich hierüber beispielsweise öffnen oder löschen.

Um das Kontextmenü eines Objekts zu öffnen, klicken Sie es einmal mit der rechten(!) Maustaste an. Daraufhin klappt das Kontextmenü auf.

Wählen Sie anschließend per Mausklick den gewünschten Befehl des Kontextmenüs aus. Die verfügbaren Befehle des Kontextmenüs sind, wie bereits erwähnt, von Objekt zu Objekt unterschiedlich.

2 Window stellt das Kontextmenü in fast allen Situationen zur Verfügung. Es ist manchmal schon erstaunlich, an welcher Stelle ein Mausklick mit der rechten Maustaste ein Kontextmenü hervorzaubert. Sie können sogar in Dialogfenstern und vielen anderen Situationen Kontextmenüs öffnen. Wenn Sie mit der rechten(!) Maustaste zum Beispiel auf einen freien Bereich der Arbeitsoberfläche klicken, können Sie über das Kontextmenü u.a. die Symbole anordnen oder einen neuen Ordner erstellen.

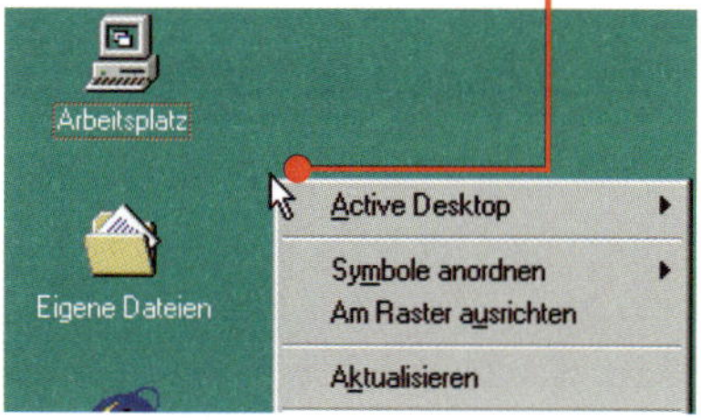

3 Die Bedienung der Kontextmenüs unterscheidet sich nicht von der herkömmlicher Menüs: Die Auswahl eines Befehls erfolgt per Mausklick oder durch Drücken des unterstrichenen Buchstabens, beispielsweise [N] für den Befehl Neu.

4 Eines haben die meisten Kontextmenüs gemeinsam: Am Ende des

Menüs finden Sie zumeist den Befehl

Eigenschaften.

Da Windows objektorientiert arbeitet, können Sie über diesen Befehl die Eigenschaften eines jeden Objekts abrufen und verändern.

Dialogfenster in Windows 98

Bei der Arbeit mit Windows 98 werden Sie häufig auf sogenannte Dialogfenster treffen, in denen Sie verschiedene Einstellungen vornehmen können. Wenn Sie zum Beispiel in einem Anwendungsprogramm den Menübefehl

Datei Öffnen...

aufrufen, erscheint ein Dialogfenster mit unterschiedlichen Bedienelementen.

1 In sogenannten Listenfeldern finden Sie verschiedene Einträge, von denen Sie immer nur einen auswählen können, zum Beispiel einen Drucker. Öffnen Sie das Listenfeld per Mausklick auf den nach unten gerichteten Pfeil

,

und rufen Sie per Mausklick den gewünschten Eintrag auf.

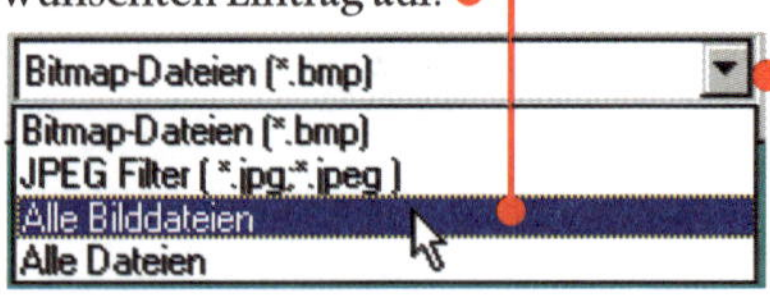

2 Optionsfelder stellen ebenfalls mehrere Optionen zur Verfügung, von denen jeweils nur eine einzige Option aktiv sein kann, beispielsweise

Fein oder Grob.

Klicken Sie auf das gewünschte Optionsfeld, um es zu aktivieren. Ein schwarzer Punkt kennzeichnet das jeweils aktive Optionsfeld. Das Besondere an Optionsfeldern: Es kann immer nur eines der verfügbaren Felder aktiv sein.

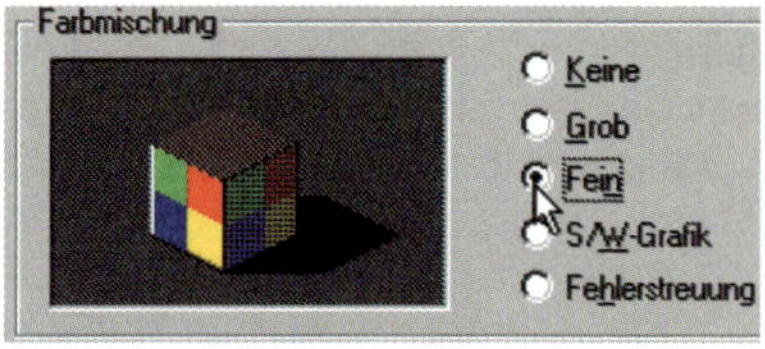

3 Eingabefelder nehmen Zahlenwerte oder Texte auf, die zur Ausführung des Befehls benötigt werden, etwa Dateinamen oder die Anzahl der Druckseiten. Klicken Sie auf das Eingabefeld, und tippen Sie über die Tastatur den gewünschten Text ein.

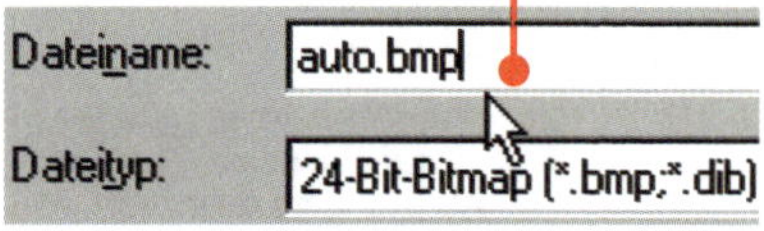

4 Kontrollkästchen haben die Funktion von Schaltern: Sie können die Option beliebig ein- und ausschalten, indem Sie mit der Maus auf das Kontrollkästchen klicken. Aktive Kontrollfelder erkennen Sie an einem kleinen Häkchen.

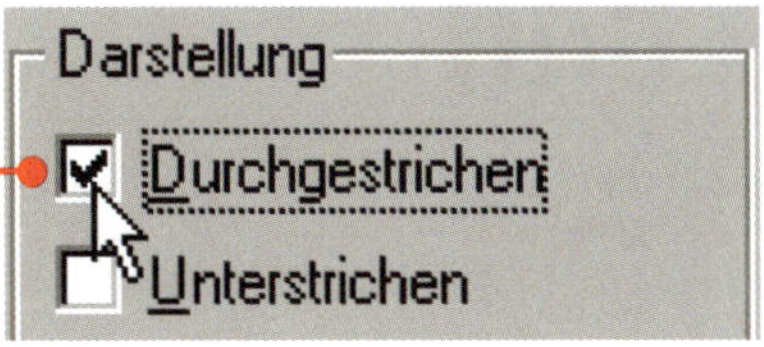

5 Schieberegler dienen zur Einstellung relativer Angaben wie „schnell" bis „langsam". Eine Skalenmarke unterhalb der Schieberegler zeigt die Einstellmöglichkeiten. Sie verschieben einen Schieberegler, indem Sie ihn mit der Maustaste anklicken und mit gedrückter Maustaste nach rechts oder links ziehen.

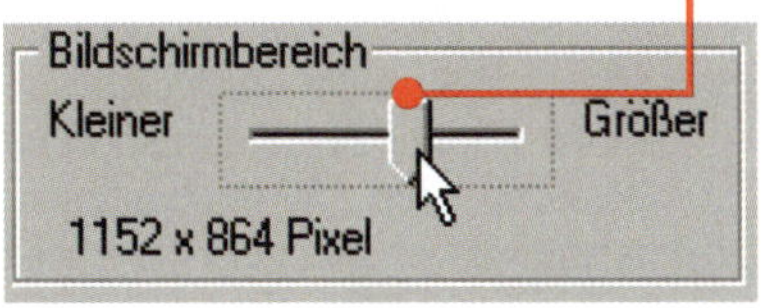

6 Einige Dialogfenster sind in mehrere Themengebiete unterteilt. In diesem Fall finden Sie am oberen Rand des Dialogfensters kleine Registerkärtchen, über die Sie zwischen den verschiedenen Themengebieten hin und her wechseln können. Klicken Sie einfach auf das gewünschte Register.

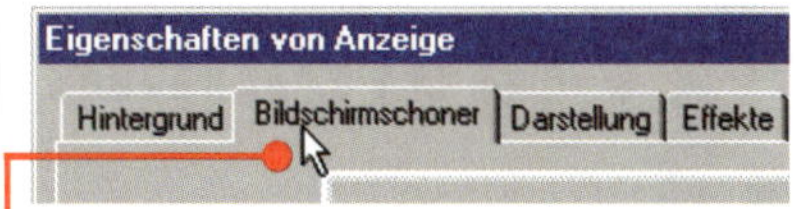

7 In nahezu allen Dialogfenstern finden Sie die Schaltflächen

, 

und 

.
Per Mausklick auf die Schaltfläche

bestätigen Sie die Einstellungen und schließen das Dialogfenster. Sie können auch auf die Schaltfläche

klicken; dann werden die Einstellungen ebenfalls gespeichert, das Dialogfenster bleibt jedoch geöffnet. Wenn Sie hingegen alle Änderungen verwerfen möchten, klicken Sie einfach auf

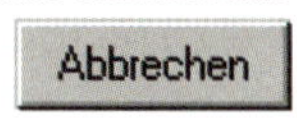

.

Windows schließt daraufhin das Dialogfenster, ohne Änderungen vorzunehmen.

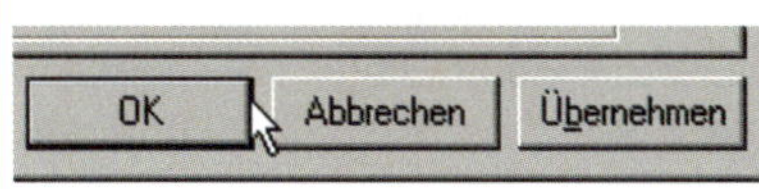

3 Programme im Griff

Was wäre Windows 98 ohne Programme? Anwendungsprogramme sind praktisch das „Benzin“ für das Betriebssystem. Erst Programme wie Textverarbeitungen, Tabellenkalkulationen, Grafikprogramme, Datenbanken, aber auch Spiele machen den Reiz des Computers aus. Eines aber haben alle Programme gemeinsam: Bevor Sie die ersten Daten eingeben können, müssen Sie das Programm auf die Festplatte installieren. Hierbei hilft Ihnen der Installationsassistent von Windows 98.

Besonders praktisch: Es ist möglich, mit mehreren Anwendungen gleichzeitig zu arbeiten und nach Belieben zwischen den aktiven Programmen zu wechseln. So können Sie zum Beispiel im Vordergrund mit einer Textverarbeitung einen Brief verfassen, während im Hintergrund die Datenbank Ihre Adressen neu sortiert.

Damit Sie dabei nicht den Überblick verlieren, verwaltet Windows alle aktiven Anwendungen in einer sogenannten Task-Leiste. Hier erkennen Sie nicht nur, welche Anwendungen gerade im Speicher schlummern, sondern Sie können per Mausklick auch bequem zwischen ihnen hin- und herschalten. Die Task-Leiste hat aber noch mehr zu bieten: Sie ist der Dreh- und Angelpunkt des Betriebssystems. Von hier aus können Sie nicht nur Programme und Dokumente öffnen, sondern auch Systemeinstellungen vornehmen, Dateien suchen oder nach Hilfe rufen. Kein Wunder also, daß Sie die Task-Leiste ganz nach Wunsch konfigurieren und sogar an einen anderen Bildschirmrand schieben können. Und wenn schon die Möglichkeit besteht, eine Handvoll Anwendungen gleichzeitig ablaufen zu lassen: Was liegt dann näher, als zwischen den Programmen Daten auszutauschen? Über die Zwischenablage, einen temporären Zwischenspeicher von Windows, können Sie beispielsweise die Zeichnung eines Grafikprogramms in den Brief Ihrer Textverarbeitung einfügen.

Kapitel-Wegweiser

Programme installieren

Jedem Programm liegt eine Installationsdiskette oder eine CD-ROM bei. Wenn Sie über eine Installations-CD-ROM verfügen, genügt es in den meisten Fällen, einfach die CD in das CD-ROM-Laufwerk zu legen. Nach wenigen Sekunden startet das Installationsprogramm dann automatisch. Sollte das nicht der Fall sein, gehen Sie bitte folgendermaßen vor:

1 Klicken Sie auf die Schaltfläche

und wählen Sie den Befehl

und 

.

2 Danach klicken Sie doppelt, also zweimal kurz hintereinander, auf das Symbol

.

3 Im nachfolgenden Dialogfenster

klicken Sie auf die Schaltfläche

.

4 Legen Sie anschließend die erste Installationsdiskette oder die Installations-CD-ROM in das entsprechende Laufwerk ein, und bestätigen Sie das Dialogfenster mit 

.

Windows sucht nun nach dem passenden Installationsprogramm, in der Regel SETUP.EXE oder INSTALL.EXE, und präsentiert im nächsten Fenster das Ergebnis der Suche.

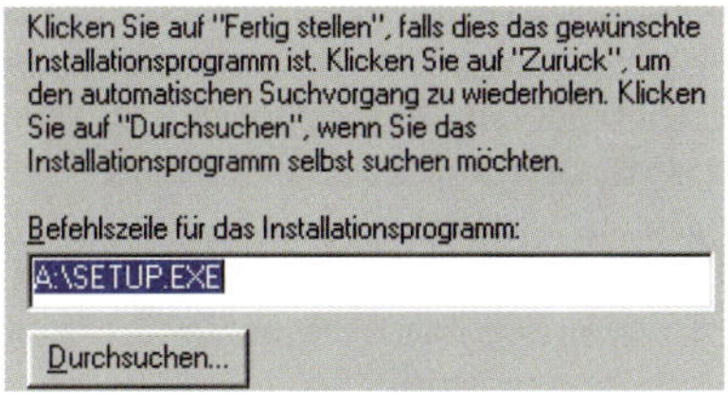

Falls Windows keine Installationsroutine finden sollte, können Sie den **Pfad** und Dateinamen der Startdatei auch direkt eingeben oder über die Schaltfläche

mit der Maus markieren.

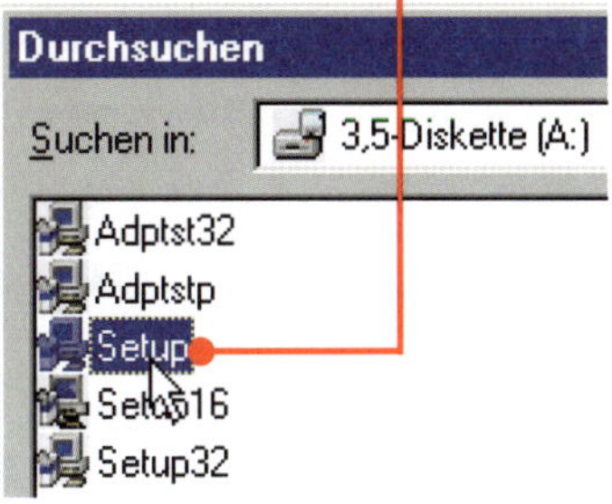

5 Klicken Sie auf die Schaltfläche **Fertig stellen**, um die Installation zu starten. Folgen Sie anschließend den Anweisungen des Installationsprogramms.

Installierte Programme wieder entfernen

Mitunter möchten Sie sich sicherlich von einem Anwendungsprogramm wieder trennen und es entfernen. Das Problem: Die Programmdateien sind oftmals auf mehrere Ordner der Festplatte verteilt. Das einfache Entfernen der Dateien reicht nicht aus. Den meisten Programmen, die für Windows entwickelt wurden, liegt jedoch ein spezielles Deinstallationsprogramm bei, das die zugehörigen Dateien restlos von der Festplatte entfernt.

1 Öffnen Sie das Fenster der Systemsteuerung, indem Sie auf die **Start**-Schaltfläche klicken und die Befehle **Einstellungen** und **Systemsteuerung** aufrufen.

2 Anschließend klicken Sie doppelt auf das Symbol

.

3 Im unteren Teil des nachfolgenden Dialogfensters erkennen Sie alle derzeit installierten Software-Pakete, die Windows auf Wunsch automatisch entfernen kann.

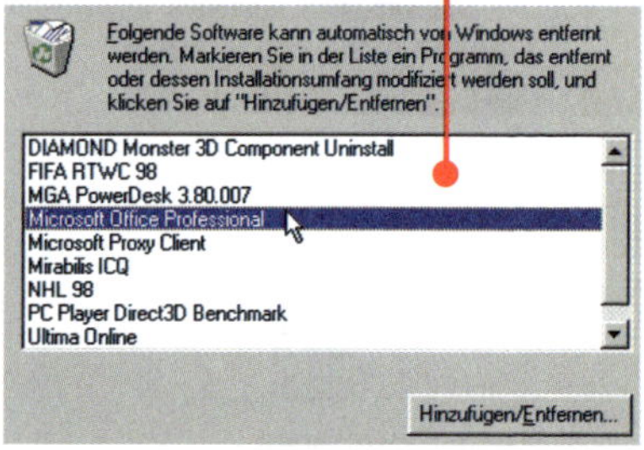

Markieren Sie das Programm, das entfernt werden soll, und klicken Sie auf die Schaltfläche **Hinzufügen/Entfernen...**.

Windows startet anschließend das Deinstallationsprogramm und beginnt mit dem Löschvorgang. In einigen Fällen müssen Sie zuvor noch einen Warnhinweis bestätigen.

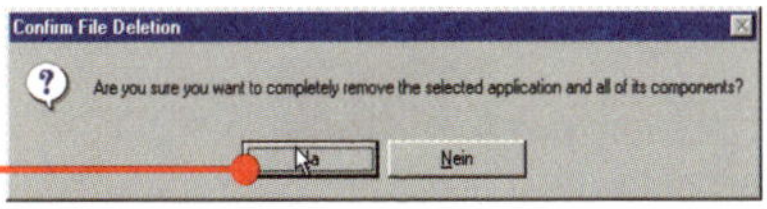

> **! Manuelle Deinstallation**
>
> Nicht alle installierten Programme lassen sich automatisch deinstallieren. Sollte das gewünschte Programm nicht in der Liste auftauchen, müssen Sie im jeweiligen Handbuch der Anwendung nachlesen, wie das Produkt gelöscht werden kann.

Programme starten und beenden

Sobald Sie ein Programm korrekt installiert haben, können Sie damit arbeiten. Hierzu müssen Sie die Anwendung lediglich starten. Nach dem Programmstart können Sie mit der Arbeit beginnen und die gewünschten Daten eingeben. Zum Beenden der Arbeit schließen Sie das Anwendungsprogramm wieder.

1 Um eines der installierten Programme zu starten, klicken Sie auf die Schaltfläche

und wählen den Befehl

.

Im nachfolgenden Untermenü sind alle derzeit installierten Anwendungen aufgelistet.

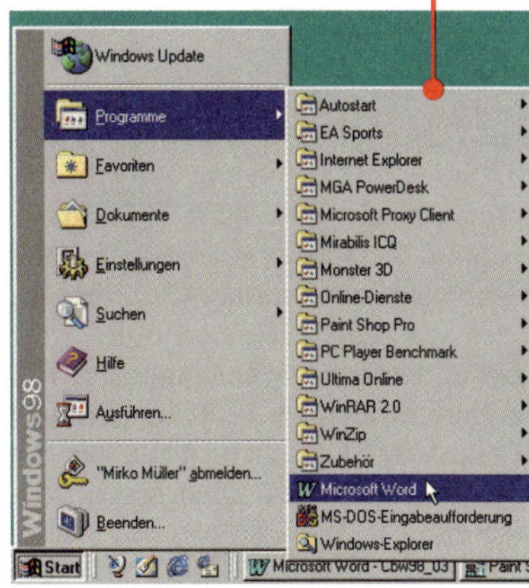

Wenn Sie hier bereits die gesuchte Anwendung finden, zum Beispiel

, können Sie sie mit einem einzigen Mausklick ins Leben rufen. Alternativ hierzu lassen sich weitere Untermenüs aufrufen, die durch einen nach rechts weisenden Pfeil

gekennzeichnet sind, etwa das

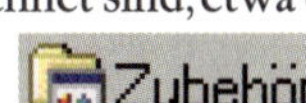

-Untermenü. Auf diese Weise können Sie nacheinander weitere Untermenüs hervorzaubern und per Mausklick auf einen Menüeintrag die gewünschte Anwendung starten. Jedes Untermenü, das zumeist bei der Installation einer Anwendung eingerichtet wird, kann mehrere Programme oder weitere Untermenüs enthalten.

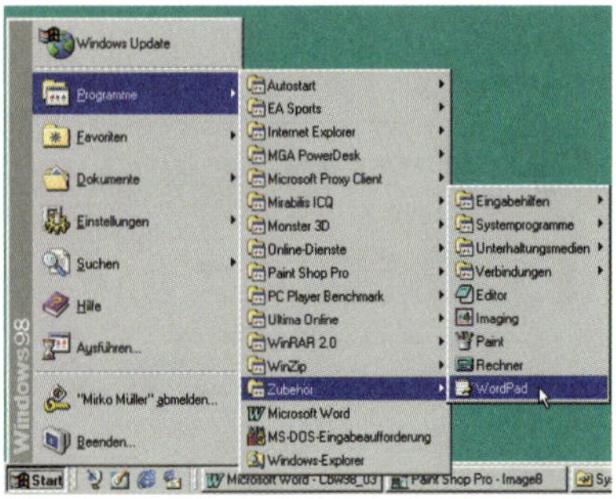

2 Wenn Sie die Arbeit mit dem Programm beenden möchten, können Sie es jederzeit schließen. Öffnen Sie hierzu im jeweiligen Anwendungsprogramm das Menü Datei, und rufen Sie den letzten Befehl Beenden auf. Statt dessen können Sie auch auf das X-Symbol in der oberen rechten Ecke der Titelleiste des Programms klicken.

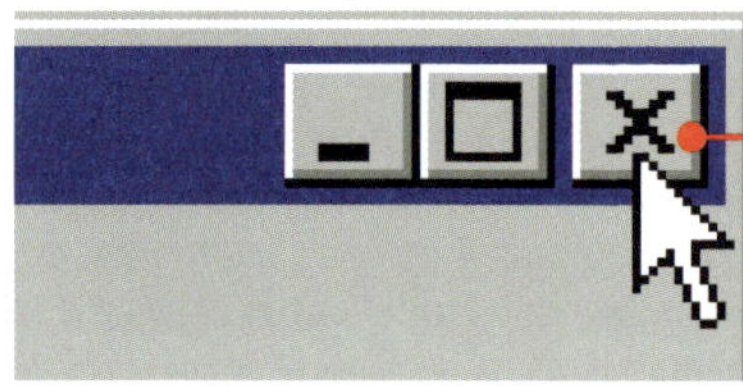

Programme automatisch starten lassen

Bei der täglichen Arbeit mit Windows kann es manchmal recht praktisch sein, wenn einige Anwendungen bereits beim Start des Betriebssystems geöffnet würden. Nichts leichter als das: Lassen Sie Ihre Lieblingsprogramme automatisch starten.

1 Klicken Sie auf die Schaltfläche Start, und wählen Sie aus dem Menü Einstellungen den Befehl Taskleiste & Startmenü.

2 Im nachfolgenden Dialogfenster

klicken Sie auf das Register Programme im Menü "Start" und anschließend auf Hinzufügen.

3 Klicken Sie im nächsten Fenster auf die Schaltfläche

[Durchsuchen...].

Anschließend wechseln Sie in den Ordner für das Startmenü, indem Sie nacheinander jeweils doppelt auf die Ordner Windows, Startmenü und Programme klicken. Danach klicken Sie doppelt auf den Programme-Ordner, der das gewünschte Programm enthält, beispielsweise auf Zubehör.

4 Markieren Sie das gewünschte Programm,

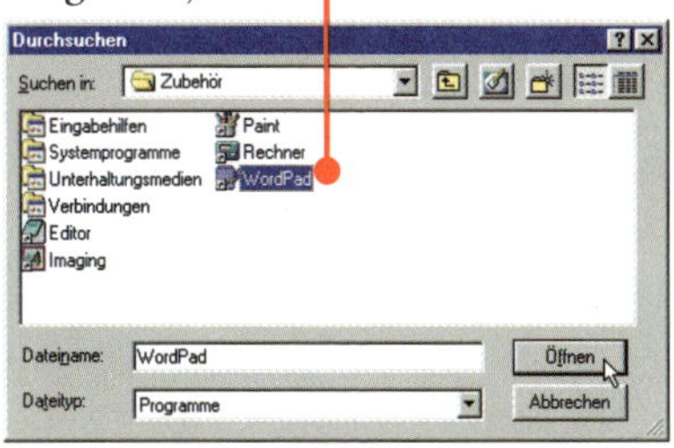

und klicken Sie auf [Öffnen].

5 Nach einem Klick auf [Weiter >] erkennen Sie im nachfolgenden Dialogfenster die Hierarchiestruktur des Programme-Menüs der Start-Schaltfläche.

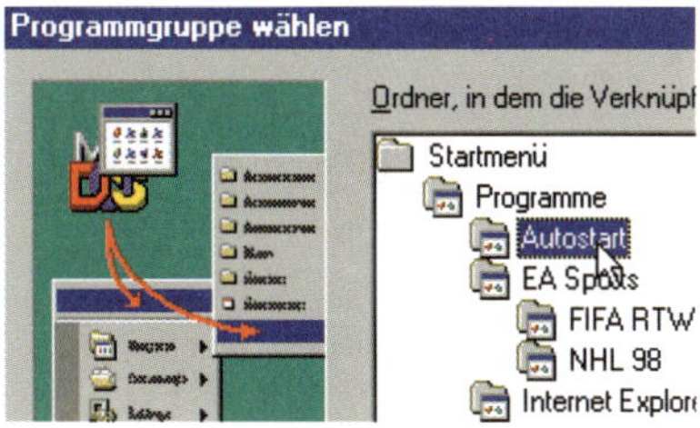

Markieren Sie den Ordner Autostart, und bestätigen Sie mit [Weiter >].

6 Tippen Sie im nächsten Fenster einen Namen ein, der später im Start-Menü erscheinen soll, und schließen Sie das Dialogfenster mit [Fertig stellen].

Beim nächsten Windows-Start wird das Programm automatisch mitgestartet.

Programme mit dem Task-Planer starten

Es gibt Programme, die zwar nicht bei jedem Windows-Start, aber zu bestimmten Zeitpunkten gestartet werden müssen. Mit dem Task-Planer von Windows 98 können Sie Windows genau mitteilen, wann welches Programm gestartet werden soll.

Programme mit dem Task-Planer starten

1 Klicken Sie in der Task-Leiste links neben der Digitaluhr doppelt auf das Symbol

.

Windows öffnet daraufhin den Ordner

.

2 Im nachfolgenden Dialogfenster

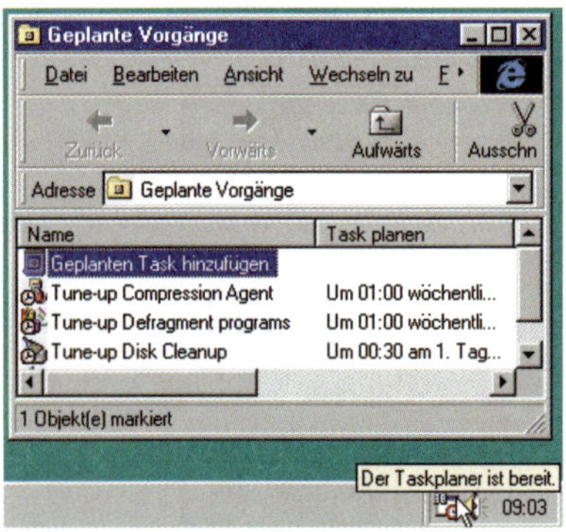

klicken Sie doppelt auf das Symbol

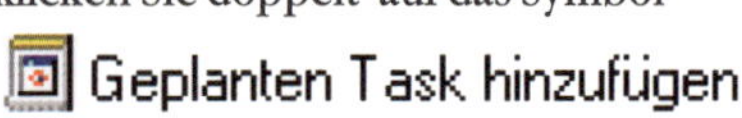

.

3 Windows startet daraufhin den Assistenten für geplante **Tasks**. Bestätigen Sie das erste Fenster des Assistenten mit

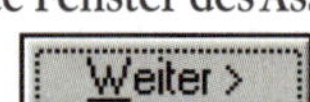

.

4 Im nächsten Fenster listet Windows alle Anwendungen auf, die derzeit auf Ihrem Computer installiert sind. Wählen Sie per Mausklick das Programm aus, das Sie automatisch starten lassen möchten,

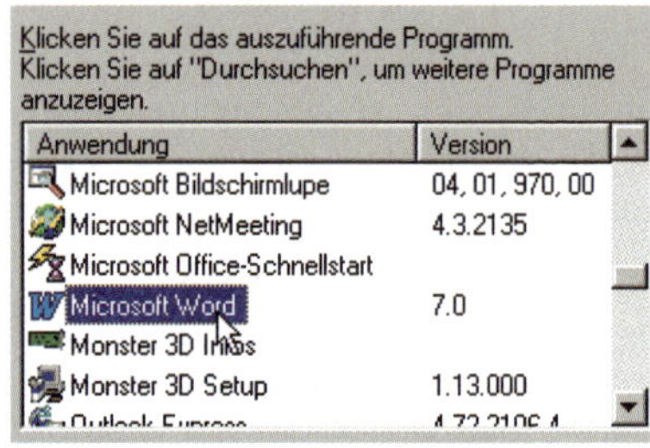

und bestätigen Sie Ihre Auswahl per Mausklick auf die Schaltfläche

.

5 Anschließend legen Sie fest, in welchem Intervall Sie das Programm automatisch starten lassen möchten, beispielsweise

.

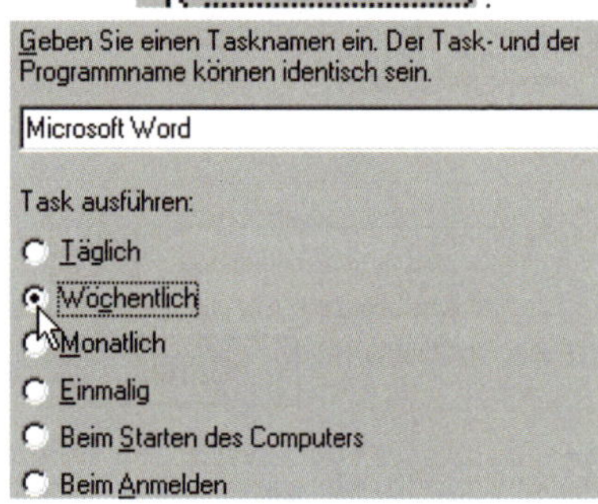

Klicken Sie danach auf die Schaltfläche

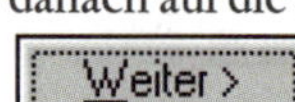

.

6 Je nachdem, für welches Intervall Sie sich in Schritt 5 entschieden haben, können Sie im nächsten Fenster den exakten Zeitpunkt bestimmen.

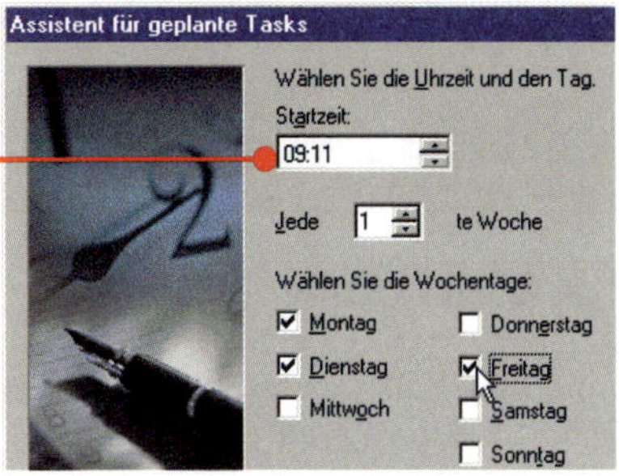

Wenn Sie etwa die Option

Wöchentlich

markiert haben, können Sie neben der Startzeit auch die gewünschten Wochentage ankreuzen. Nehmen Sie Ihre Einstellungen vor, und fahren Sie mit

Weiter > fort.

7 Klicken Sie im nächsten Fenster auf die Schaltfläche

Fertig stellen,

um den Assistenten zu beenden. Der neue Task erscheint anschließend in der Liste der geplanten Vorgänge.

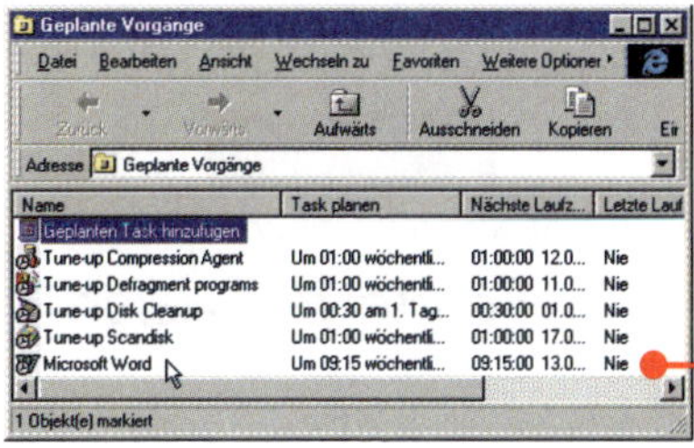

8 Die Einstellungen des Tasks - beispielsweise den Zeitplan - können Sie jederzeit wieder ändern. Klicken Sie hierzu im Fenster

Geplante Vorgänge

doppelt auf den entsprechenden Task.

9 Im nachfolgenden Fenster erhalten Sie die Möglichkeit, die Einstellungen zu verändern. Wechseln Sie beispielsweise in das Register

Zeitplan,

und nehmen Sie dort die gewünschten Änderungen vor.

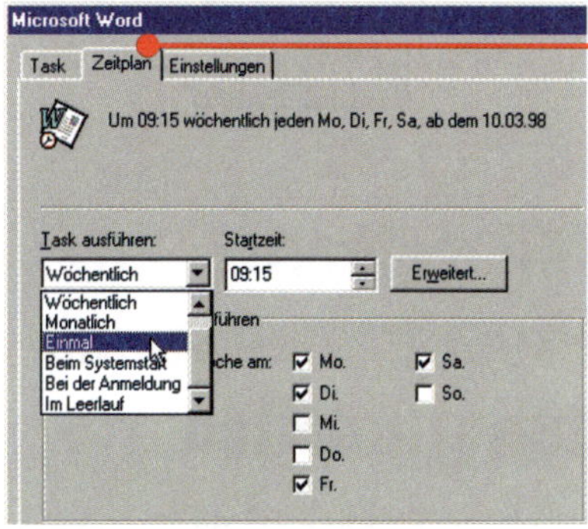

Schließen Sie das Dialogfenster wieder mit

OK.

10 Natürlich ist es jederzeit möglich, den geplanten Vorgang wieder aus der Liste zu entfernen. Markieren Sie im Fenster

Geplante Vorgänge

den entsprechenden Eintrag, und drükken Sie die [Entf]-Taste. Sie können den Task auch mit der rechten(!) Maustaste anklikken und anschließend den Befehl

Löschen

aufrufen.

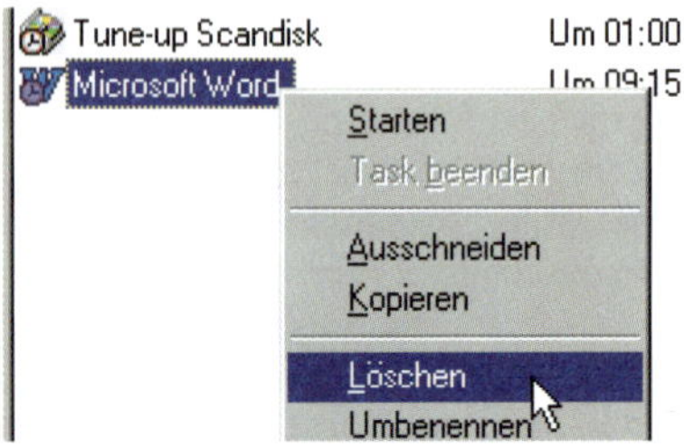

Bestätigen Sie die folgende Sicherheitsabfrage mit

Ja .

Mit mehreren Programmen gleichzeitig arbeiten

Mit Windows 98 können Sie nicht nur mit einem, sondern mit mehreren Programmen gleichzeitig arbeiten. Wenn mehrere Anwendungen (Tasks) parallel geöffnet sind, spricht man auch von „Multitasking".

1 Im Prinzip können Sie so viele Programme starten, wie Sie möchten. Jede neu gestartete Anwendung erhält in der Task-Leiste ein eigenes Symbol. Hier sehen Sie das Programmsymbol sowie den zugehörigen Namen der Anwendungen.

2 Dank der Task-Leiste ist es möglich, blitzschnell zwischen den aktiven Anwendungen zu wechseln. Um zu einer anderen aktiven Anwendung zu wechseln, genügt es, das gewünschte Symbol in der Task-Leiste einmal anzuklicken. Welche Anwendung gerade aktiv, also im Vordergrund ist, zeigt die eingedrückte Schaltfläche der Task-Leiste.

3 Sofern Sie alle aktiven Anwendungen übersichtlich auf dem Bildschirm anordnen möchten, klicken Sie mit der rechten(!) Maustaste auf einen freien Bereich der Task-Leiste.

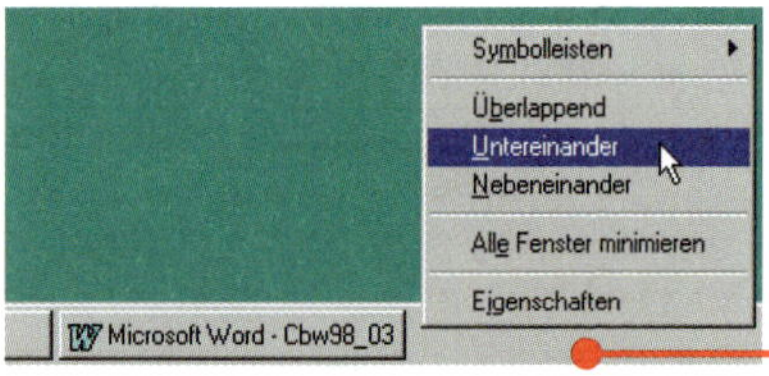

Im Kontextmenü können Sie die Programmfenster dann zum Beispiel

Untereinander

anordnen oder mit einem Schlag

Alle Fenster minimieren .

4 Wenn sehr viele Programmfenster geöffnet sind, ist es mitunter schwierig, an die Symbole auf der Arbeitsoberfläche zu gelangen. Um die Arbeitsoberfläche in den Vordergrund zu holen, klikken Sie in der Task-Leiste

einfach auf die Schaltfläche

.

Ein weiterer Mausklick auf die dieselbe Schaltfläche stellt den Ursprungszustand wieder her.

> **! Programmwechsel per Tastenkombination**
>
> Windows kennt noch eine weitere Möglichkeit, zwischen Anwendungen zu wechseln. Besonders schnell erfolgt der Task-Wechsel mit der Tastenkombination [Alt] und [⇄]. Halten Sie die [Alt]-Taste gedrückt, und betätigen Sie die [⇄]-Taste. Daraufhin erscheint eine Komplettübersicht aller geöffneten Anwendungen. Drücken Sie die [⇄]-Taste so oft, bis die gewünschte Anwendung eingerahmt ist. Sobald Sie beide Tasten loslassen, erscheint die Anwendung, zu der Sie wechseln möchten.

Alte Dokumente öffnen

Die Suche nach dem zuletzt bearbeiteten Dokument - zum Beispiel nach dem zuletzt geschriebenen Brief - kann recht mühsam sein: Zuerst suchen Sie die Anwendung, dann starten Sie diese, und schließlich öffnen Sie die gewünschte Datei. Doch es geht auch einfacher:

1 Klicken Sie auf die Schaltfläche

,

und wählen Sie den Befehl

.

2 Im nachfolgenden Untermenü präsentiert Windows die fünfzehn zuletzt bearbeiteten Dokumente, die Sie per Mausklick direkt aktivieren können. Windows startet automatisch die zugehörige Anwendung und öffnet das Dokument.

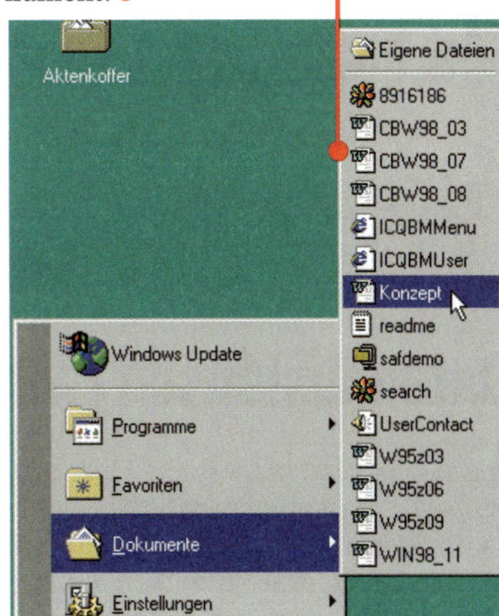

3 Mit dem obersten Eintrag

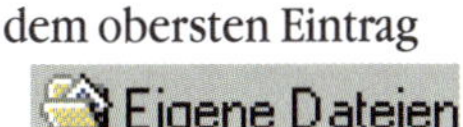

gelangen Sie direkt zum Ordner **Eigene Dateien**, der in den meisten Fällen Ihre persönlichen Dokumente und Dateien enthält. Die Programme des Microsoft-Office-Pakets speichern beispielsweise Dokumente wie Briefe oder Tabellenkalkulationen im Ordner **Eigene Dateien**.

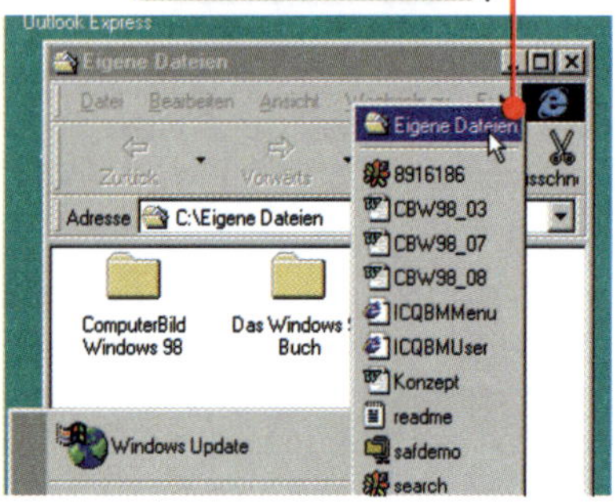

4 Wenn Sie die Liste der Dokumente wieder löschen wollen, wählen Sie aus dem **Start**-Menü den Befehl **Einstellungen** und **Taskleiste & Startmenü**. Wechseln Sie im nachfolgenden Dialogfenster in das Register **Programme im Menü "Start"**, und klicken Sie im unteren Teil des Dialogfensters

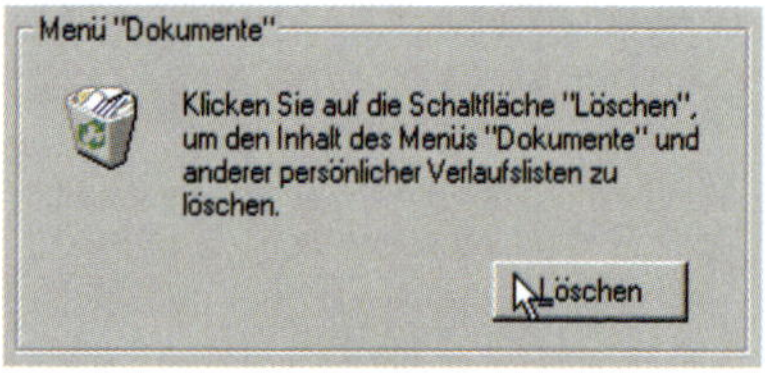

auf die Schaltfläche **Löschen**. Schließen Sie das Dialogfenster danach mit **OK**.

Datenaustausch zwischen Programmen

Programme sind keineswegs Einzelgänger, sondern arbeiten wunderbar zusammen. Sofern mehrere Anwendungen gleichzeitig aktiv sind, können Sie zwischen den Programmen beliebig Daten austauschen. So läßt sich beispielsweise eine Grafik aus dem Malprogramm problemlos in einen Brief aus der Textverarbeitung einfügen.

1 Starten Sie die beiden Anwendungen, zwischen denen Sie die Daten austauschen möchten, zum Beispiel ein Grafikprogramm sowie eine Textverarbeitung.

2 Möchten Sie einen Teil der Grafik in die Zwischenablage übernehmen, wechseln Sie zum Grafikprogramm und markieren den gewünschten Teil der Grafik. Ziehen Sie beispielsweise mit gedrückter Maustaste einen Markierungsrahmen um den gewünschten Grafikbereich. Die exakte Vorgehensweise zum Markieren ist leider von Programm zu Programm unterschiedlich.

3 Anschließend wählen Sie im Grafikprogramm den Befehl

Bearbeiten Kopieren

oder drücken die Tastenkombination [Strg] [C].

Der markierte Teil der Grafik wandert in die **Zwischenablage**, einen unsichtbaren, temporären Zwischenspeicher, in dem Sie jede Art von Daten ablegen können.

4 Nun wechseln Sie zur Anwendung, die den Inhalt der Zwischenablage entgegennehmen soll, etwa eine Textverarbeitung. Plazieren Sie die Einfügemarke dort, wo die Grafik später erscheinen soll. Um den Inhalt des Zwischenspeichers einzufügen, wählen Sie anschließend aus dem

Bearbeiten

-Menü den Befehl

Einfügen,

oder Sie drücken [Strg] [V].

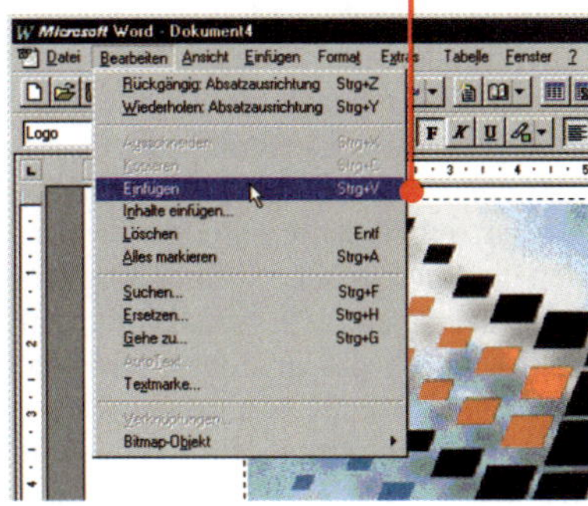

Die Folge: Im Textdokument befindet sich jetzt eine Zeichnung des Grafikprogramms.

! Wo ist der Einfügen-Befehl?

Der Einfügen-Befehl ist nur verfügbar, wenn die Zielanwendung mit den Daten der Zwischenablage etwas anfangen, sie also verarbeiten kann. Das Einfügen eines Briefes in eine Grafik ist beispielsweise nicht möglich.

4 Drucker einrichten

Wenn Sie eine Datei schwarz auf weiß (oder auch in Farbe) in Händen halten möchten, müssen Sie lediglich Ihren Drucker an den PC anschließen und dem Betriebssystem mitteilen, um welches Modell es sich handelt. Den Rest erledigt Windows von alleine. Zum Drucken brauchen Sie dann nur noch den Druckbefehl zu aktivieren, und nach wenigen Augenblicken liefert der Drucker die gewünschten Seiten.

Damit das auch wirklich so funktioniert, verwendet Windows einen sogenannten Druckertreiber - eine Datei, die das zu druckende Dokument in die Druckersprache übersetzt. Der Druckertreiber sorgt dafür, daß das Dokument auf dem Papier auch tatsächlich so aussieht wie auf dem Bildschirm. Und da jeder Drucker seine eigene Sprache spricht, ist für jedes Modell auch ein eigener Treiber notwendig. Doch keine Sorge, Windows ist bereits von Hause aus mit Dolmetschern für die gängigsten Druckermodelle ausgestattet. Glücklicherweise brauchen Sie den Druckertreiber nur ein einziges Mal zu installieren, da alle Drucker von Windows zentral verwaltet werden. Das heißt, mit dem einmal installierten Modell können Sie alle Grafiken, Texte oder Kalkulationen drucken. Jede Windows-Anwendung greift auf ein- und denselben Druckertreiber zurück. Je nach Modell stehen Ihnen dabei unterschiedliche Konfigurationsmöglichkeiten zur Verfügung. So können Sie Seitenformat und Papierausrichtung, Druckauflösung und Papierschacht, Speicherausstattung sowie Grafikdruck und vieles mehr für jeden Drucker gesondert einstellen. Ein weiterer Vorteil: Das Drucken geht fast unbemerkt im Hintergrund vonstatten. Sie brauchen also nicht erst lange zu warten, bis alle Daten den Drucker erreicht haben. Statt dessen speichert Windows die Druckdaten auf der Festplatte und schickt sie dann zum Drucker, wenn dieser Zeit hat. In der Zwischenzeit können Sie mit Ihrer Lieblingsanwendung weiterarbeiten.

Kapitel-Wegweiser

Den Drucker installieren

Bevor Sie Ihre Dokumente schwarz auf weiß in Händen halten können, müssen Sie für Ihren Drucker den richtigen **Druckertreiber** installieren.

1 Schließen Sie den Drucker an die **parallele Schnittstelle** Ihres Computers an.

2 Starten Sie Windows 98, und rufen Sie im Start-Menü Einstellungen und Drucker auf.

3 Klicken Sie im nachfolgenden Dialogfenster doppelt auf das Symbol Neuer Drucker.

4 Windows startet daraufhin den Assistenten für die Druckerinstallation. Klicken Sie im ersten Dialogfenster des Assistenten auf die Schaltfläche Weiter >.

Wählen Sie im zweiten Fenster

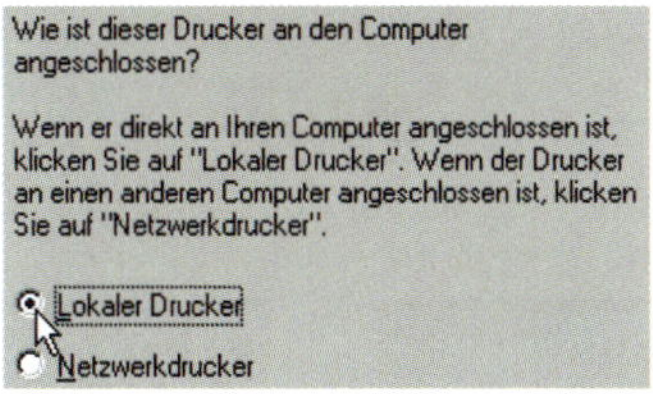

die Option Lokaler Drucker, und bestätigen Sie Ihre Auswahl erneut mit Weiter >.

5 Im nächsten Dialogfenster markieren Sie im Feld Hersteller den Hersteller Ihres Druckers. Blättern Sie mit Hilfe der Bildlaufpfeile (▼ und ▲) durch die Liste, und klicken Sie auf den Herstellernamen, etwa HP für den Hersteller Hewlett Packard.

In der rechten Fensterhälfte erscheinen anschließend die Modelle des Herstellers.

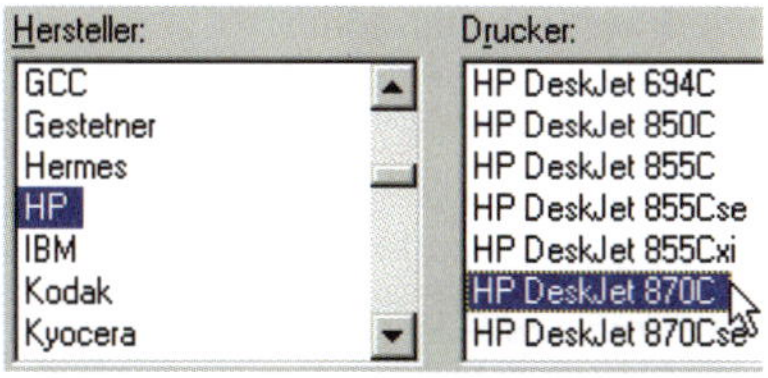

Klicken Sie hier auf den Modellnamen Ihres Druckers – etwa HP DeskJet 870C –, und bestätigen Sie mit Weiter >.

6 Klicken Sie im nachfolgenden Dialogfenster

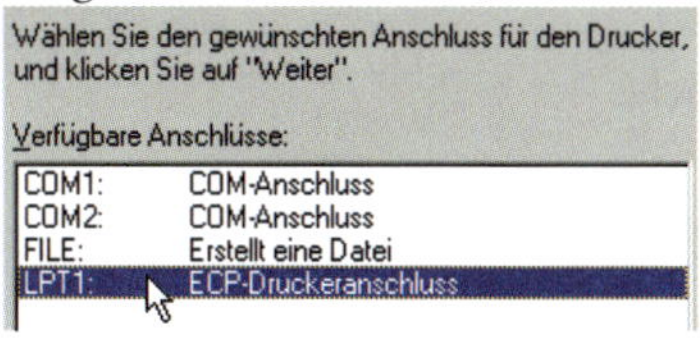

in der Liste

Verfügbare Anschlüsse:

auf die Schnittstelle, an die Ihr Drucker angeschlossen ist, zumeist ist dies

LPT1:.

Bestätigen Sie erneut mit einem Mausklick auf die Schaltfläche

Weiter >.

7 Geben Sie im nächsten Fenster des Assistenten einen beliebigen Druckernamen ein, oder übernehmen Sie einfach den von Windows vorgeschlagenen Namen. Entscheiden Sie im unteren Teil des Dialogfensters, ob der Drucker als Standarddrucker für alle Windows-Anwendungen dienen soll.

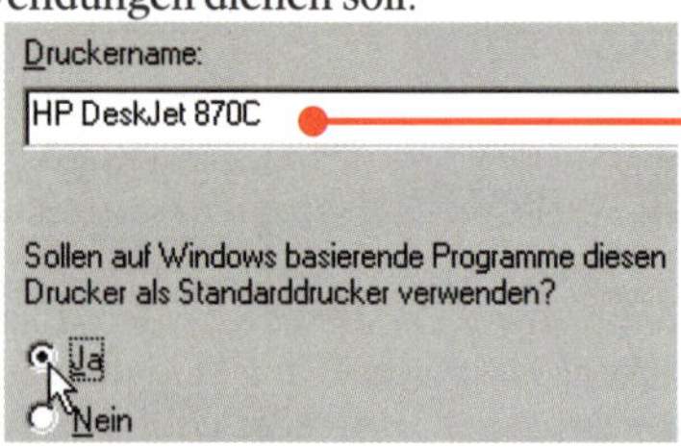

Wenn Sie in einer Anwendung den Druckbefehl aufrufen, ist stets der Standarddrucker aktiv. Sollten Sie nur über einen einzigen Drucker verfügen, wählen Sie die Option Ja.

Klicken Sie anschließend auf die Schaltfläche Weiter >.

8 Im letzten Dialogfenster markieren Sie die Option

Ja (empfohlen)

und klicken auf

Fertig stellen >,

um den Assistenten zu beenden und eine Testseite auszudrucken. Bei der Installation der Druckertreiber verlangt Windows mitunter die Windows-98-CD-ROM. Legen Sie sie gegebenenfalls in das angeforderte Laufwerk, und bestätigen Sie mit

OK.

Im Druckerordner erscheint anschließend für den installierten Drucker ein eigenes Druckersymbol.

Drucker korrekt einrichten

Drucker ist nicht gleich Drucker. Rund um den Druck gibt es viel zu klären: Welches Papierformat soll beispielsweise Verwendung finden, welche Kassette liefert die Blätter und wie hoch soll die Grafikauflösung sein? Diese und viele andere Fragen rund um den Drucker beantworten Sie im Eigenschaften-Fenster des Druckers.

1 Klicken Sie auf die Schaltfläche

Start,

und wählen Sie aus dem nachfolgenden Menü die Befehle

Einstellungen und Drucker.

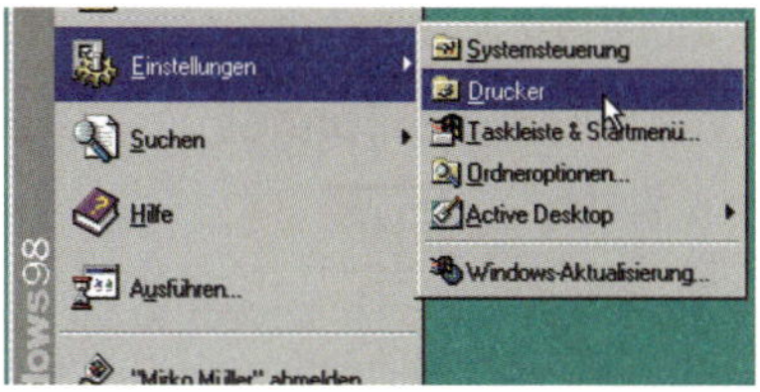

2 Daraufhin listet Windows alle derzeit installierten Druckertreiber auf. Klikken Sie mit der rechten(!) Maustaste auf den Drucker, den Sie konfigurieren möchten, und wählen Sie im Kontextmenü den Befehl Eigenschaften.

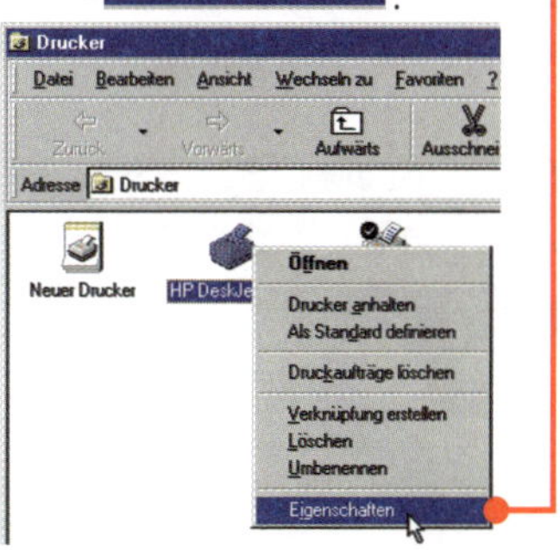

3 Jetzt können Sie die Einstellungen des Druckers anpassen.

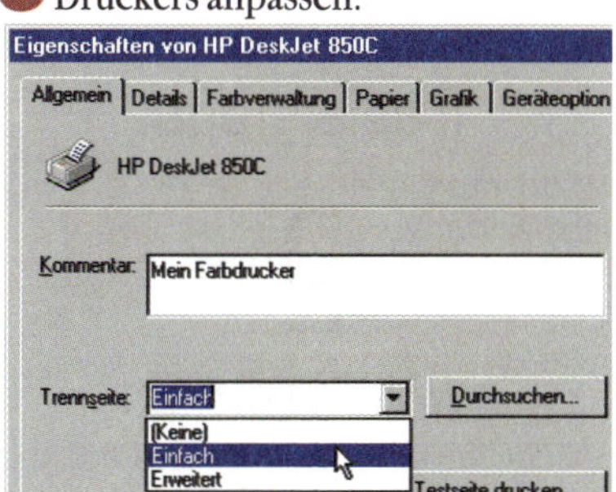

Im ersten Register Allgemein geben Sie im Feld Kommentar: eine zusätzliche Beschreibung ein, beispielsweise wann der Drucker verfügbar ist.

Falls Sie zwischen jedem Druckauftrag eine Trennseite mit Informationen über Auftraggeber sowie Datum und Uhrzeit einfügen möchten, wählen Sie aus der Liste Trennseite: den Eintrag Einfach.

Eine Trennseite ist allerdings nur sinnvoll, wenn mehrere Anwender den Drucker im Netzwerk nutzen.

4 Danach klicken Sie auf das Register Details.

Hier können Sie einen anderen Anschluß sowie Treiber für die Druckausgabe bestimmen. Das ist allerdings nur in den seltensten Fällen notwendig.

Im Feld Zeitlimit legen Sie fest, ab wann bei Vorliegen eines Druckerproblems eine Fehlermeldung erscheint. Über die Option Nicht gewählt: bestimmen Sie, wie viele Sekunden Windows auf die Online-Bereitschaft des Druckers warten soll. Mit dem Wert

Übertragungswiederholung: legen Sie hingegen fest, wie lange Windows warten soll, wenn der Drucker keine Daten mehr aufnehmen kann. Der Drucker ist zum Beispiel blockiert, sobald er besonders umfangreiche Dokumente berechnen und aufbereiten muß. Wenn der Drucker aus diesem Grund die empfangenen Daten nur sehr langsam verarbeiten kann und daher sehr oft Fehlermeldungen erscheinen, sollten Sie diesen Wert erhöhen.

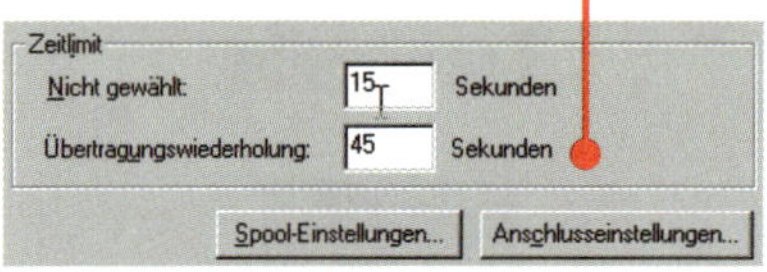

5 Klicken Sie auf die Schaltfläche **Spool-Einstellungen...**.

Um möglichst schnell mit dem Anwendungsprogramm weiterarbeiten zu können, sollten Sie im nachfolgenden Dialogfenster

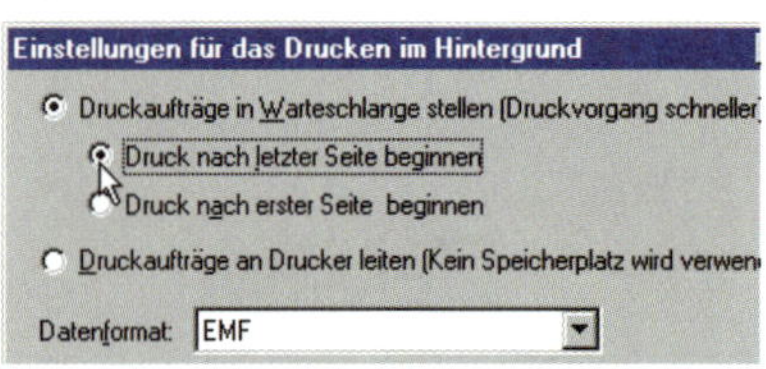

die Optionen

Druckaufträge in Warteschlange stellen

sowie

Druck nach letzter Seite beginnen

aktivieren.

Wählen Sie aus dem Listenfeld **Datenformat:** den Eintrag **EMF**.

Das EMF-Format (Enhanced MetaFile) garantiert einen schnelleren Druckvorgang. Das RAW-Format sollten Sie nur bei Druckproblemen aktivieren. Schließen Sie das Dialogfenster mit einem Mausklick auf die Schaltfläche **OK**.

6 Anschließend klicken Sie auf das Register **Papier**

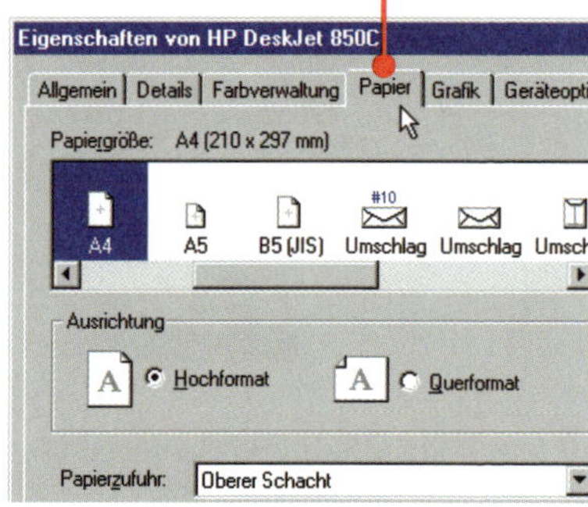

und wählen aus der Liste **Papiergröße:** das zu verwendende Papierformat aus, beispielsweise **A4**.

Im Feld **Ausrichtung** entscheiden Sie sich zwischen der Ausrichtung

◉ Hochformat

oder ○ Querformat.

Aus welchem Papierfach beziehungsweise Einzug das Papier bezogen werden soll, legen Sie im Feld

Papierzufuhr:

fest. Die Einträge in der Liste hängen von den Fähigkeiten des Druckers ab. Bei einigen Druckern können Sie zudem die Anzahl der zu druckenden Kopien sowie die Breite des nichtdruckbaren Bereichs bestimmen.

7 In welcher Qualität Grafiken zu Papier gebracht werden, legen Sie im Register Grafik fest.

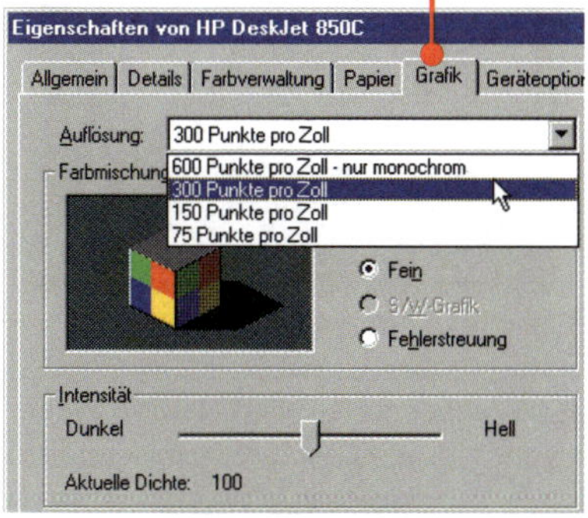

Das Feld Auflösung:

definiert die Anzahl der Druckpunkte, während die Optionen im Feld

Farbmischung

die Art der Farbdarstellung bestimmen.

Bei Auflösungen unter 200 **dpi** sollten Sie

◉ Grob

einstellen, während für Auflösungen von 300 dpi und darüber

◉ Fein

empfehlenswert ist. Die Option

○ Fehlerstreuung

eignet sich insbesondere für kontrastreiche Fotografien.
Der Schieberegler im Feld

Intensität

bestimmt die Druckdichte. Hiermit legen Sie fest, wie dunkel die Grafik gedruckt wird. Verschieben Sie den Regler, indem Sie ihn anklicken und mit gedrückter Maustaste nach rechts oder links ziehen. Schließen Sie das Dialogfenster mit

OK,

um die Änderungen zu speichern.

! Noch mehr Register

Bei einigen Druckern existieren noch die Register Farbverwaltung, Schriftarten und Geräteoptionen. Hier finden Sie von Drucker zu Drukker unterschiedliche Optionen, etwa zum Druckerspeicher oder PostScript-Format.

Dokumente drucken

Sobald Sie Ihren Drucker installiert und wunschgemäß konfiguriert haben, können Sie von jeder Windows-Anwendung Druckaufträge an den Drucker schicken.

1 Starten Sie das gewünschte Anwendungsprogramm - beispielsweise die Textverarbeitung WordPad -, und öffnen Sie die zu druckende Datei.

2 Rufen Sie im Menü Datei den Befehl Drucken... auf. Bei den meisten Programmen erscheint zunächst ein Dialogfenster, in dem Sie noch einmal einige Druckparameter verändern können, beispielsweise die Anzahl der zu druckenden Exemplare. In den meisten Fällen können Sie die Einstellungen jedoch unverändert lassen und den Druckauftrag per Mausklick auf OK starten.

3 Windows bereitet das Dokument anschließend für den Druck vor und schickt die Druckdaten an den Drucker. Nach wenigen Sekunden können Sie das ausgedruckte Dokument aus dem Drukker nehmen.

4 Der Druckvorgang kann sogar gestartet werden, ohne daß die entsprechende Anwendung dazu geöffnet sein muß. Hierzu rufen Sie im Start-Menü zunächst die Befehle Einstellungen und Drucker auf. Anschließend klicken Sie auf das gewünschte Druckersymbol und halten die Maustaste gedrückt. Ziehen Sie den Drukker - mit weiterhin gedrückter Maustaste - auf die Windows-Arbeitsoberfläche, und lassen Sie die Maustaste los. Beantworten Sie die nachfolgende Abfrage mit Ja.

Windows erstellt jetzt eine Verknüpfung zum Drucker (erkennbar am gebogenen Pfeil in der linken unteren Ecke des Symbols).

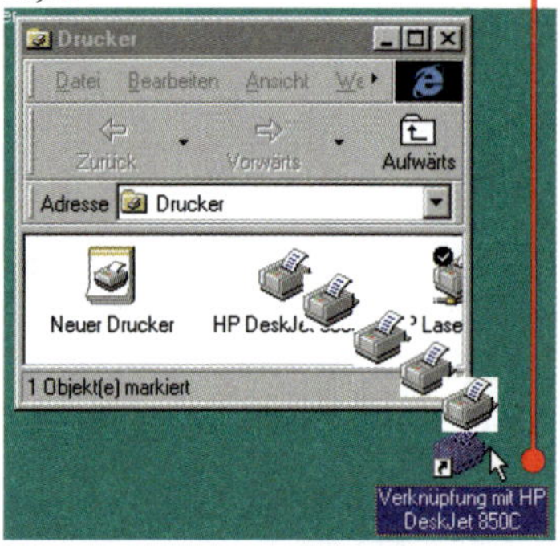

Anschließend öffnen Sie den Ordner, in dem sich die zu druckende Datei befindet, beispielsweise ein Word-Dokument. Klicken Sie auf das Dateiobjekt, und halten Sie die Maustaste gedrückt. Ziehen Sie das zu druckende Objekt auf das Drukkersymbol, und lassen Sie die Maustaste erst dort wieder los. Sofern für die Datei eine Verknüpfung zu einem Anwendungsprogramm besteht, startet Windows automatisch das Programm, öffnet die Datei und aktiviert den Druckbefehl.

5 Mit Ordnern und Dateien umgehen

Ordner und Dateien spielen in Windows 98 eine große Rolle. Das Betriebssystem verwaltet alle wichtigen Dateien des Betriebssystems und der installierten Anwendungsprogramme, aber auch Ihre persönlichen Briefe und Dokumente in Ordnern. Um die Übersicht zu wahren, existiert für jeden Zweck ein eigener Ordner. Sie können sich die Ordner tatsächlich wie einen klassischen Aktenordner vorstellen. Ihre Festplatte ist dann ein Aktenschrank mit zahlreichen Aktenordnern. Innerhalb der Aktenordner lassen sich weitere Ordner ablegen, die wiederum Unterordner enthalten. So entsteht eine regelrechte Hierarchie der verschachtelten Ordner.

Die Verwaltung der Dateien und Dokumente geht dank der Ordner leicht von der Hand. Um den Überblick zu behalten, richten Sie beispielsweise einen Ordner für Briefe, einen für Grafiken, einen für Ihre Lieblingsprogramme usw. ein. Auf diese Weise bleibt Ihr Schreibtisch, sprich die Arbeitsoberfläche von Windows, stets aufgeräumt. Damit dies auch tatsächlich so bleibt, gibt Ihnen Windows ein zweites Hilfsmittel an die Hand: die sogenannten Verknüpfungen. Hierbei handelt es sich um Symbole, die dynamisch mit einer Datei oder einem Ordner verknüpft sind. Die Verknüpfungen verraten Windows, wo eine bestimmte Datei zu finden ist. Sie können sich die Verknüpfungen wie Notizzettel vorstellen, auf denen steht „Datei xyz liegt im Ordner Briefe\Anwalt\1998“. Der Vorteil: Die Notizzettel verbrauchen wenig Speicherplatz, und Sie können sie „hinheften“, wohin Sie wollen.

Kapitel-Wegweiser

In den Ordnern der Festplatte stöbern

Um einen Eindruck von der Ordnerstruktur Ihrer Festplatten zu erhalten, können Sie jederzeit einen Blick in die Ordnerhierarchie werfen.

1 Klicken Sie auf der Arbeitsoberfläche von Windows doppelt auf das Symbol

.

Windows öffnet daraufhin das Fenster

, über das Sie direkt auf Ihre Festplatten zugreifen können.

2 Hier klicken Sie doppelt auf das Symbol für das Festplattenlaufwerk C.

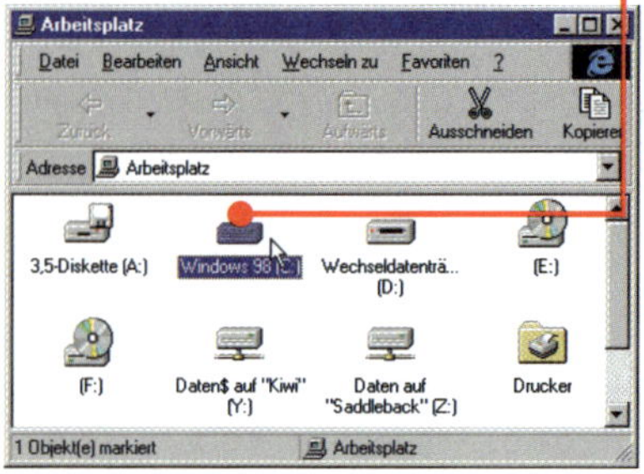

Windows öffnet anschließend ein neues Fenster, das den Inhalt des Festplattenlaufwerks zeigt.

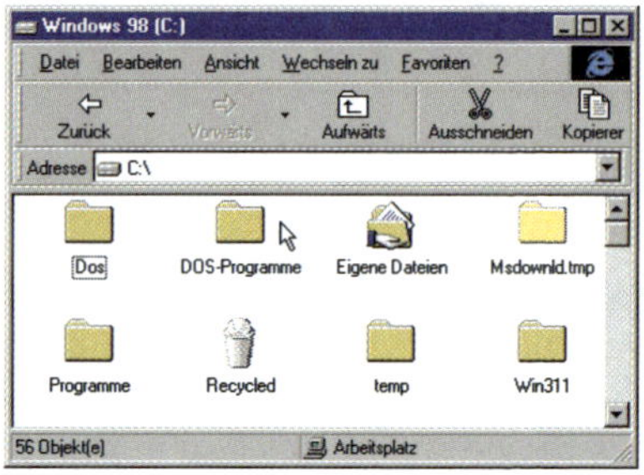

3 Ordner erkennen Sie an dem gelben Ordnersymbol

.

Hinter einem Ordner können sich Dateien, aber auch weitere Ordner verbergen. Um einen Ordner zu öffnen, klicken Sie doppelt auf das gewünschte Ordnersymbol. Windows blendet daraufhin den Inhalt des Unterordners ein.

4 Wenn Sie mehrere Ordner und Unterordner geöffnet haben, können Sie jederzeit wieder zu den übergeordneten Ordnern zurückblättern. Klicken Sie hierzu in der Symbolleiste auf die erste Schaltfläche

.

5 Sie können auch direkt zu einem ganz bestimmten Ordner zurückspringen, indem Sie auf den nach unten gerichteten Pfeil der Schaltfläche klicken und anschließend den gewünschten Ordner auswählen.

Neue Ordner anlegen

Ordner eignen sich hervorragend zur Verwaltung großer Datenmengen. Dank der Möglichkeit, innerhalb von Ordnern beliebige Objekte und weitere Ordner zu plazieren, bleibt Ihr Schreibtisch stets aufgeräumt. Legen Sie für Ihre persönlichen Daten neue Ordner an.

1 In Ordnern können Sie alle Arten von Objekten ablegen: Dateien, Laufwerke, Drucker, Schriftarten und sogar den Papierkorb. In einem Ordner lassen sich jederzeit auch neue Ordner ablegen, beispielsweise im Ordner

,

in dem Windows standardmäßig Ihre persönlichen Briefe und andere Dokumente aufbewahrt. Klicken Sie auf der Arbeitsoberfläche doppelt auf das Symbol

.

2 Um einen neuen Ordner anzulegen, klicken Sie nun auf das Menü

und rufen den Befehl

sowie

auf. Daraufhin erscheint ein neuer Ordner namens

.

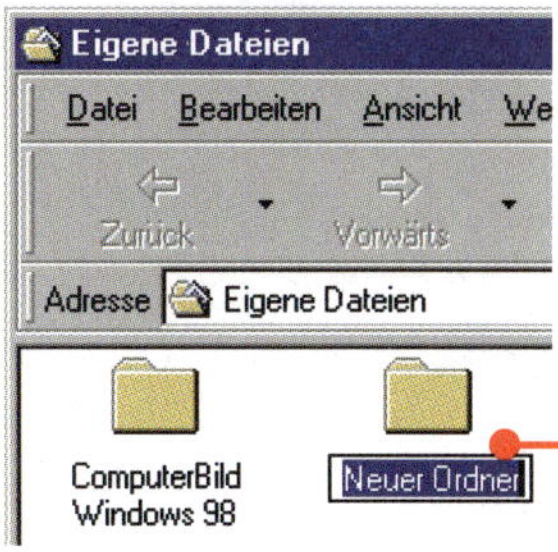

3 Überschreiben Sie den Standardnamen

mit der gewünschten Bezeichnung, beispielsweise

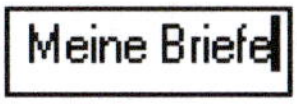

.

Drücken Sie anschließend die ↵-Taste.

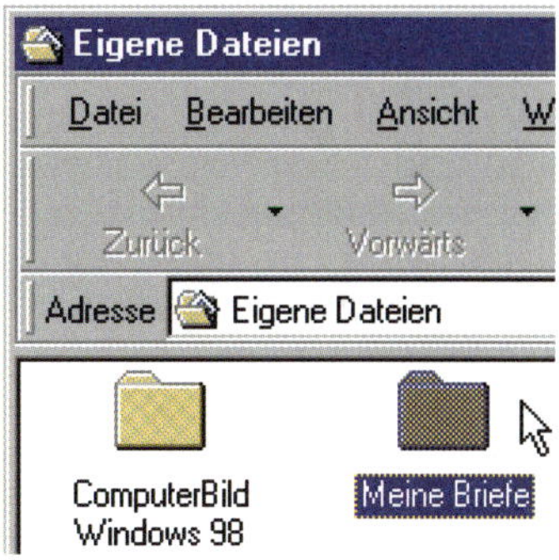

! Neue Ordner auf der Arbeitsoberfläche

Auch auf der Arbeitsoberfläche von Windows lassen sich neue Ordner anlegen. Klicken Sie hierzu mit der rechten(!) Maustaste auf einen freien Bereich der Arbeitsoberfläche. Es erscheint ein Menü,

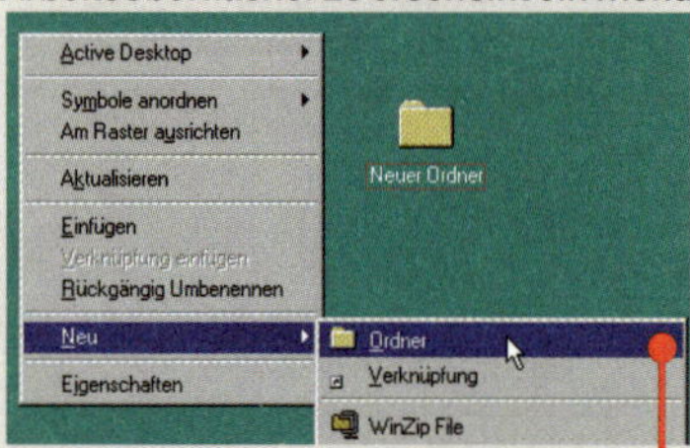

in dem Sie ebenfalls die Befehle

Neu sowie Ordner

finden.

Ordner individuell konfigurieren

Ordner ist nicht gleich Ordner. Jeder Ordner läßt sich ganz nach Ihren persönlichen Vorlieben gestalten. So können Sie beispielsweise die Symbolleiste und Statuszeile einblenden oder die Anordnung sowie Ausrichtung der Objekte innerhalb des Ordners bestimmen.

1 Öffnen Sie zunächst den Ordner, dessen Ansicht Sie verändern möchten. In der Regel zeigt Windows den Inhalt eines Ordners anhand großer Symbole an. Sie können den Inhalt aber auch mit dem Menübefehl

Ansicht Kleine Symbole

in Form verkleinerter Symbole anzeigen lassen.

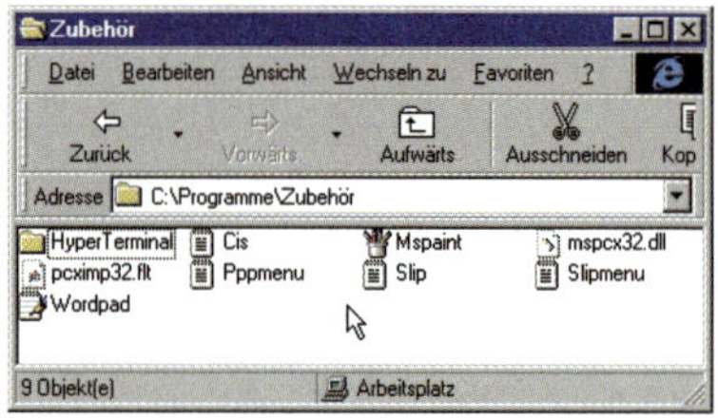

2 Wenn sich in einem Ordner besonders viele Objekte befinden, empfiehlt sich die Anzeige in Listenform. Öffnen Sie hierzu das Menü

Ansicht,

und klicken Sie auf den Befehl

Liste.

Die Objekte erscheinen jetzt unter- beziehungsweise nebeneinander.

3 Besonders ausführliche Informationen erhalten Sie in der Detailansicht. Wählen Sie hierzu aus dem Menü

Ansicht

den Befehl Details.

Windows ordnet daraufhin alle Objekte in Spaltenform untereinander an. Zu jedem Objekt bekommen Sie neben dem Namen weiterführende Informationen über Größe,Typ und Datum.

Die Breite der einzelnen Spalten läßt sich übrigens frei bestimmen, indem Sie den Mauszeiger auf den Trennstrich

zwischen den Spalten positionieren und mit gedrückter Maustaste verschieben.

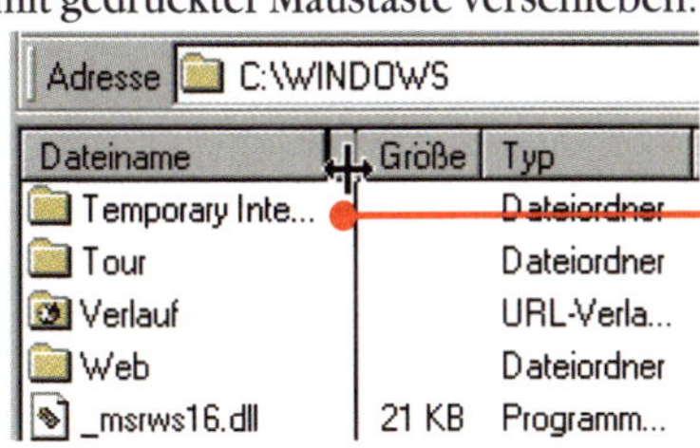

4 Die Spaltenüberschriften der Detailansicht vereinfachen auch das Sortieren: Ein Mausklick auf den Spaltentitel genügt, und schon sortiert Windows den Inhalt nach dem jeweils angeklickten Kriterium. Klicken Sie beispielsweise auf den Spaltentitel Geändert am,

damit alle Dateien nach dem Datum sortiert werden. Ein weiterer Mausklick auf den Spaltentitel kehrt die Sortierreihenfolge um, etwa von aufsteigend nach absteigend.

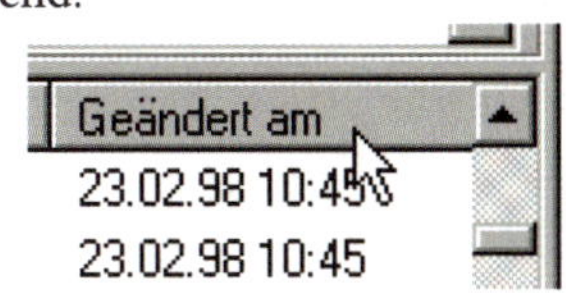

5 Sie können die Dateien auch sortieren, wenn Sie sich nicht in der Detailansicht befinden. Öffnen Sie hierzu das Menü

Ansicht,

und klicken Sie auf den Menübefehl

Symbole anordnen.

Windows blendet daraufhin ein Untermenü ein, aus dem Sie per Mausklick das gewünschte Sortierkriterium auswählen können, beispielsweise

Nach Datum.

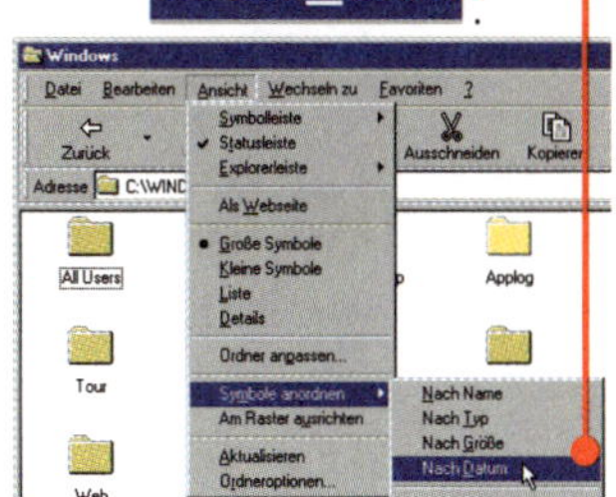

6 Innerhalb des Ordners können Sie die einzelnen Ordner- und Dateisymbole beliebig verschieben. Klicken Sie hierzu auf das Ordner- oder Programmsymbol, und halten Sie die Maustaste gedrückt. Ziehen Sie den Ordner anschließend - mit weiterhin gedrückter Maustaste - an die gewünschte Position, und lassen Sie die Maustaste erst dort wieder los. Nach dem Verschieben von Ordnersymbolen kann es im Ordner allerdings schnell unordentlich aussehen. Um wieder für Ordnung zu sorgen, klicken Sie auf das Menü 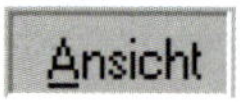

und anschließend auf den Befehl

.

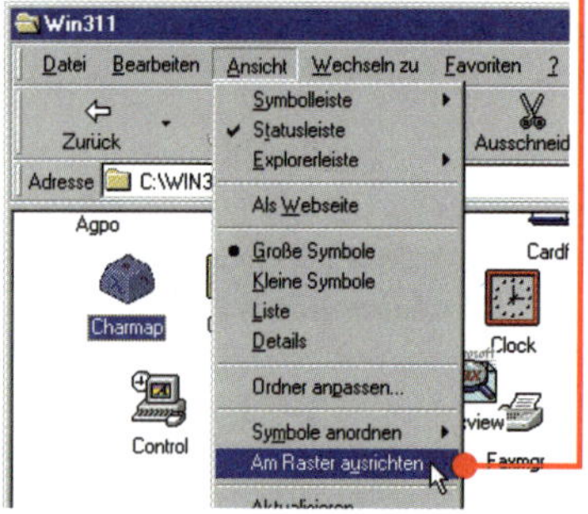

Windows ordnet die Symbole dann wieder in Reih und Glied an.

Den Windows-Explorer nutzen

Wenn Sie Dateien und Ordner verschieben, kopieren oder sonstwie verändern möchten, empfiehlt sich als Werkzeug der Windows-Explorer. Der Windows-Explorer ist das ultimative Bedienelement von Windows, praktisch ein „Mädchen für alles".

1 Um den Explorer zu starten, klicken Sie auf die Schaltfläche

und wählen anschließend den Befehl

sowie 

.

Windows startet daraufhin den Windows-Explorer.

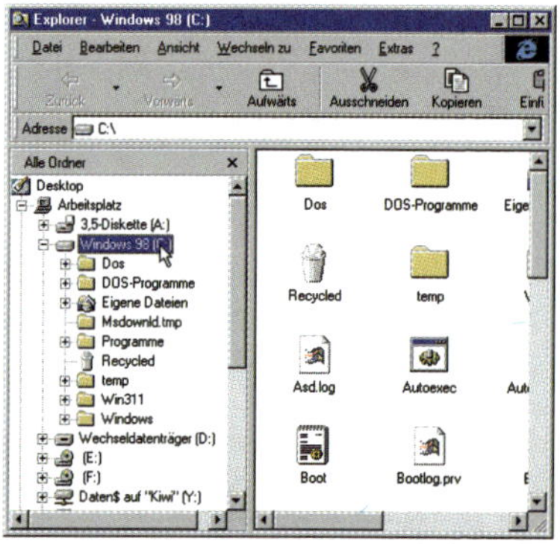

2 Das Fenster des Explorers ist zweigeteilt: Auf der linken Seite erkennen Sie eine hierarchische Struktur, während die rechte Seite den Inhalt des derzeit markierten Objekts wiedergibt, zum Beispiel die Dateien eines Ordners, die Elemente der Systemsteuerung oder den Inhalt des Papierkorbs. Mit Hilfe der Maus oder Tastatur können Sie sich schnell durch die

Hierarchie bewegen. Um einen Ordner oder ein Objekt zu öffnen, klicken Sie im linken Fensterbereich auf das Pluszeichen

links neben dem Ordner. Statt dessen können Sie den Ordner auch per Mausklick markieren und die [+]-Taste der Zehnertastatur drücken. Damit auf einen Schlag nicht nur der markierte Ordner, sondern auch alle darin enthaltenen Unterordner geöffnet werden, drücken Sie die [*]-Taste der Zehnertastatur.

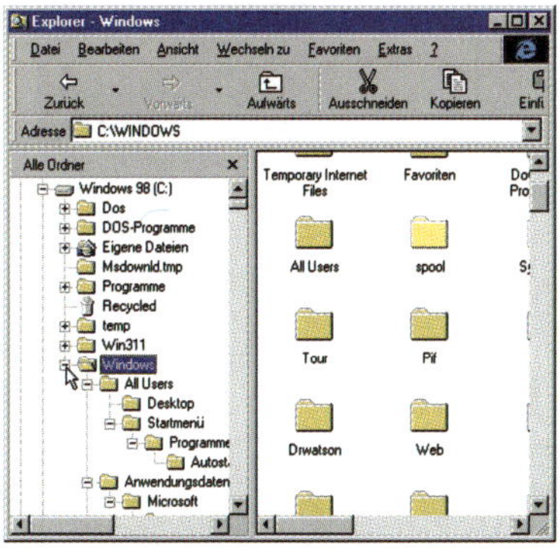

Wenn Sie den Hierarchiebaum wieder schließen möchten, klicken Sie auf das entsprechende Minuszeichen

oder drücken die [−]-Taste der Zehnertastatur.

3 Sollte das Fenster zu klein sein, blendet Windows im Explorer lediglich einen Ausschnitt des aktuellen Ordnerinhalts ein. Mit Hilfe der **Bildlaufleisten** können Sie den Ausschnitt jedoch verschieben. Klicken Sie hierzu am rechten oder unteren Fensterrand auf die Bildlaufpfeile

 und ,

oder verschieben Sie den Balken

zwischen den Bildlaufpfeilen mit gedrückter Maustaste.

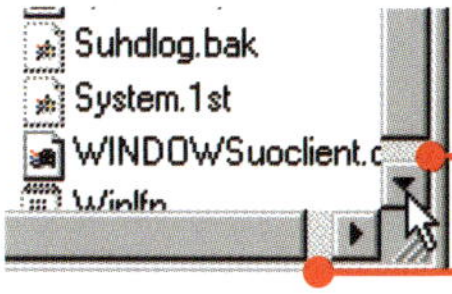

4 Um die Breite der beiden Fensterhälften zu verändern, plazieren Sie den Mauszeiger auf die Trennlinie zwischen den Fensterhälften. Der Mauszeiger nimmt dabei die Form eines Doppelpfeils

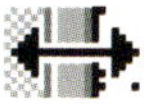

an. Halten Sie anschließend die Maustaste gedrückt, und verschieben Sie die Trennlinie – mit weiterhin gedrückter Maustaste – an die neue Position. Lassen Sie die Maustaste erst dort wieder los. Windows baut den Bildschirm des Explorers anschließend neu auf.

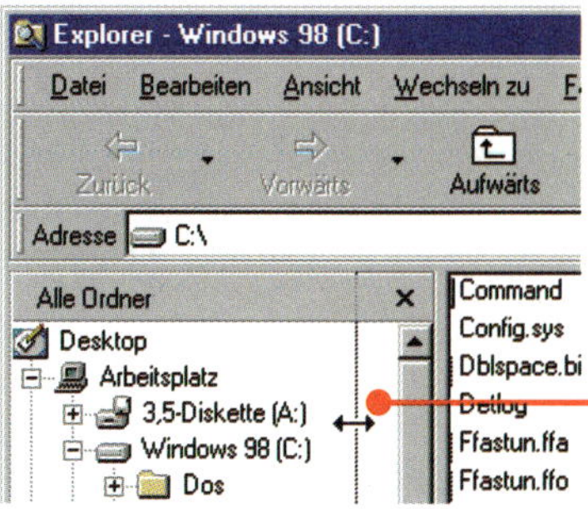

5 Windows arbeitet objektorientiert, das heißt: Jedes Objekt verfügt über gewisse Attribute, auch Eigenschaften genannt. Um die Eigenschaften eines Objekts einzusehen, klicken Sie es mit der rechten(!) Maustaste an. Daraufhin erscheint ein sogenanntes Kontextmenü. Wählen Sie hier den Befehl

Eigenschaften.

Alternativ hierzu können Sie das Objekt mit einem Mausklick markieren und die Tastenkombination [Alt][↵] drücken. Windows blendet anschließend das Eigenschaftsfenster der Datei oder des Ordners ein. Hier können Sie je nach Objekt unterschiedliche Optionen vornehmen.

Dateien markieren und auswählen

Dateien und Ordner lassen sich auf vielfältige Art und Weise verändern. Sie können sie beispielsweise umbenennen, verschieben, kopieren oder löschen. Zuvor müssen Sie Windows jedoch mitteilen, welche Objekte Sie bearbeiten möchten. Das geschieht, indem Sie die entsprechende Datei einfach markieren.

1 Um ein einzelnes Objekt zu markieren, klicken Sie es mit der linken Maustaste einmal an. Das ausgewählte Objekt erscheint dunkler und mit einem blauen Raster überlegt.

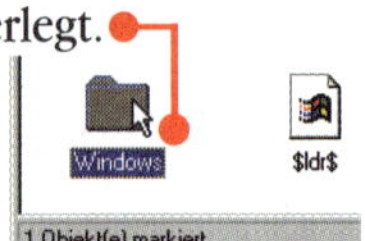

2 Sie können mit der Maus auch mehrere Objekte gleichzeitig markieren. Hierzu halten Sie die [Strg]-Taste gedrückt und klicken nacheinander - mit weiterhin gedrückter [Strg]-Taste - auf die auszuwählenden Objekte. Lassen Sie die [Strg]-Taste anschließend wieder los.

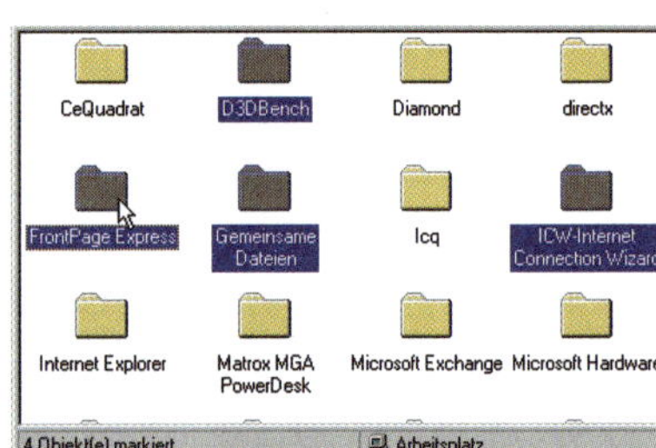

3 Wenn die Objekte neben- oder untereinanderliegen, geht es sogar noch einfacher: Markieren Sie das erste Objekt, und halten Sie die [⇧]-Taste gedrückt. Klicken Sie anschließend auf das letzte zu markierende Objekt. Lassen Sie die Tasten wieder los. Alle Objekte zwischen dem zuerst und zuletzt angeklickten Objekt sind jetzt markiert.

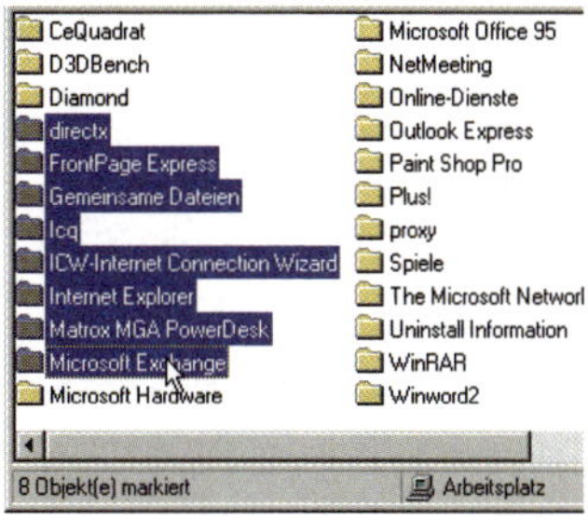

4 Die Maus bietet noch eine dritte Variante: Klicken Sie mit der linken Maustaste auf einen freien Bereich eines Ordners, und ziehen Sie mit gedrückter Maustaste einen Rahmen um die gewünschten Objekte. Alle Objekte, die innerhalb des Rahmens liegen, werden automatisch markiert.

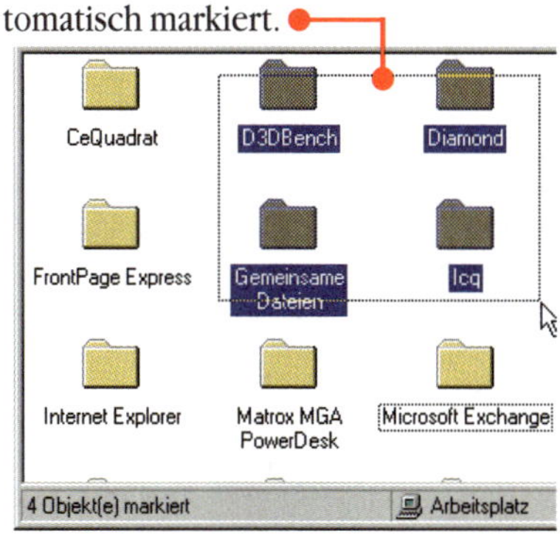

Dateien verschieben und kopieren

Zur besseren Organisation ist es mitunter notwendig, ein Objekt zu verschieben oder zu kopieren. Das geht am schnellsten mit der Maus.

1 Um eine Datei oder einen Ordner zu verschieben, klicken Sie das Objekt mit der linken Maustaste an, halten die Maustaste gedrückt und ziehen es an die neue Position, etwa in einen neuen Ordner. Doch Vorsicht: Sobald Sie die Datei in einen Ordner eines anderen Laufwerks ziehen, wird sie kopiert statt verschoben. Um auf Nummer Sicher zu gehen, klicken Sie die Datei statt dessen mit der rechten(!) Maustaste an und ziehen sie mit gedrückter rechter(!) Maustaste in den Zielordner. Lassen Sie die Maustaste erst dort wieder los.

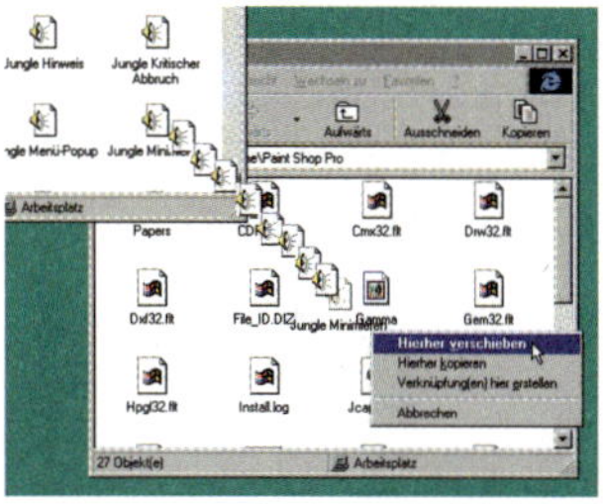

Es erscheint ein Auswahlmenü, aus dem Sie den Befehl

Hierher verschieben wählen.

Achtung: Beim Verschieben eines Objekts verändert sich der physikalische Standort des Objekts.

2 Zum Kopieren markieren Sie zunächst den gewünschten Ordner beziehungsweise die gewünschte Datei. Halten Sie anschließend die [Strg]-Taste gedrückt, und ziehen Sie das Objekt mit gedrückter linker Maustaste an den gewünschten Zielort. Sobald Sie die Maus- und [Strg]-Taste loslassen, erstellt Windows eine Kopie des Objekts.

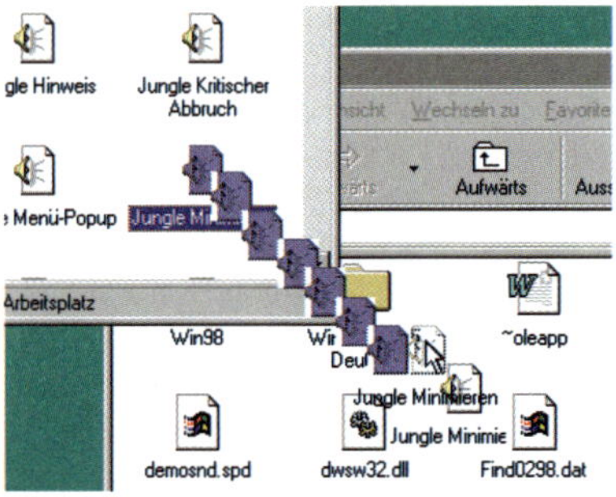

! Dateien auf Diskette kopieren

Um eine Datei direkt auf eine Diskette zu kopieren, klicken Sie sie mit der rechten(!) Maustaste an und wählen aus dem Untermenü 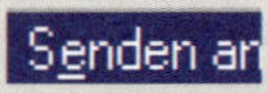

den Befehl 

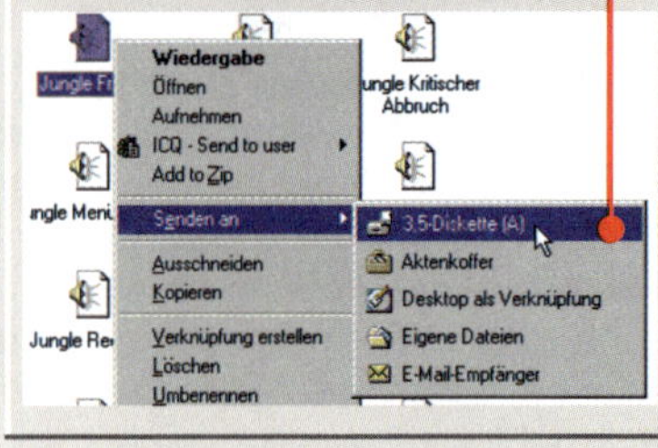

Dateien löschen

Die Festplatte hat leider nicht unendlich Speicherplatz. Irgendwann ist es daher an der Zeit, sich wohl oder übel von einigen Dateien zu trennen. Das Löschen einer Datei geht jedoch leicht von der Hand.

1 Um eine Datei oder einen Ordner zu löschen, markieren Sie zunächst das gewünschte Objekt. Drücken Sie anschließend die [Entf]-Taste. Statt dessen können Sie das Objekt auch mit der rechten(!) Maustaste anklicken und anschließend den Befehl 

aufrufen. Bestätigen Sie die nachfolgende Sicherheitsabfrage

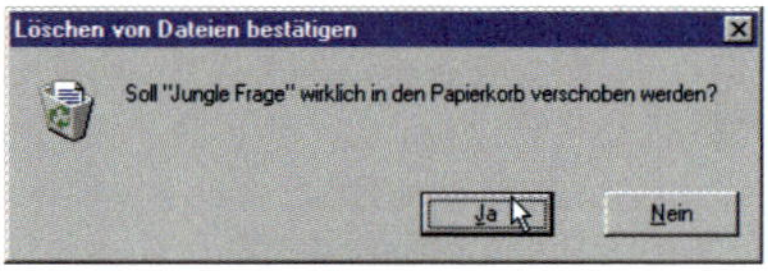

mit 

.

Windows verschiebt die Datei anschließend in den digitalen Papierkorb von Windows.

2 Sie können Objekte auch mit der Maus löschen. Hierzu klicken Sie mit der linken Maustaste auf das zu löschende Objekt und halten die Maustaste gedrückt. Ziehen Sie den Mauszeiger – mit weiterhin gedrückter Maustaste – auf das Symbol 

.

Lassen Sie die Maustaste erst dort wieder los.

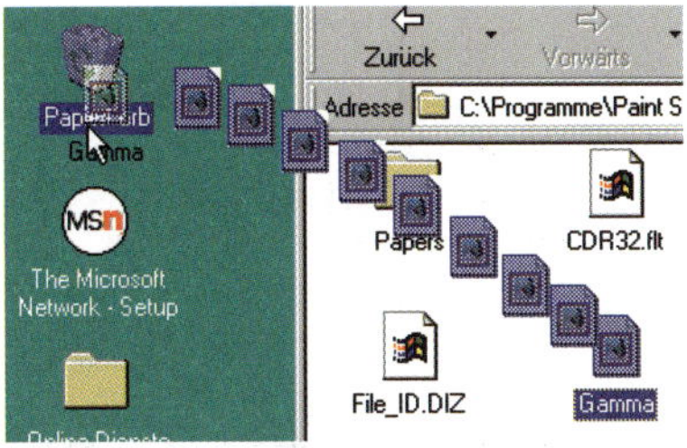

3 Die Dateien werden allerdings nicht wirklich gelöscht, sondern zunächst lediglich in den Papierkorb verschoben. Bei Bedarf können Sie sie „wiederbeleben" und aus dem Papierkorb herausfischen. Klicken Sie hierzu doppelt auf das Symbol

.

Im nachfolgenden Fenster sind alle Dateien aufgelistet, die Sie gelöscht haben. Wenn Sie eine gelöschte Datei wieder an den Ausgangsort zurückschreiben wollen, markieren Sie sie und wählen aus dem Menü Datei den Befehl Wiederherstellen.

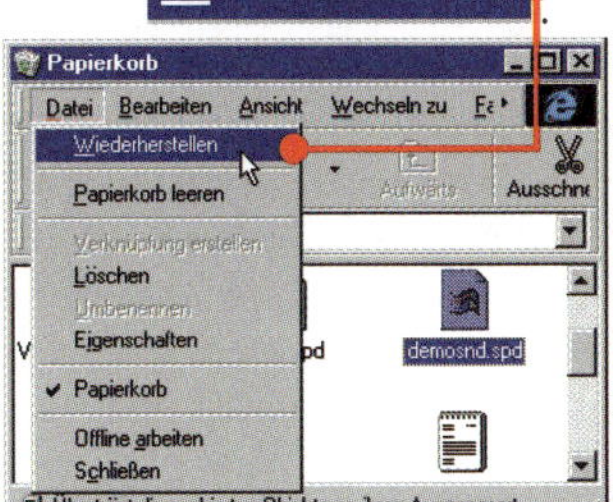

Um die Dateien endgültig von der Festplatte zu entfernen, rufen Sie im Menü Datei den Befehl Papierkorb leeren auf.

Dateien umbenennen

Jede Datei und jeder Ordner hat einen eigenen Namen. Innerhalb eines Ordners sind die Namen sogar einzigartig – sie dürfen nur ein einziges Mal auftauchen. Leider haben Ordner und Dateien nicht immer sehr aussagekräftige Bezeichnungen. Daher können Sie den Objekten jederzeit einen neuen Namen geben.

1 Um einen Ordner oder eine Datei umzubenennen, klicken Sie das Objekt mit der rechten(!) Maustaste an und wählen aus dem Kontextmenü

den Befehl Umbenennen.

Statt dessen können Sie das Objekt auch markieren und die Taste [F2] drücken. Der bisherige Name wird anschließend markiert; am Ende des Namens blinkt eine Einfügemarke.

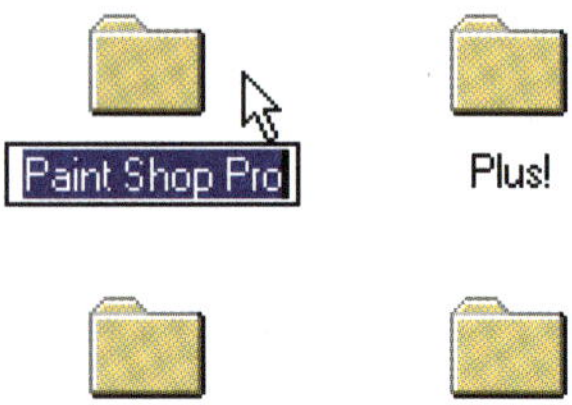

2 Sofern Sie einen komplett neuen Namen eingeben möchten, können Sie ihn direkt über die Tastatur eintippen. Windows überschreibt dann den alten Namen mit der neuen Bezeichnung.

Wenn Sie jedoch nur eine Korrektur oder Ergänzung vornehmen wollen, positionieren Sie die Schreibmarke mit den Tasten [←] und [→] an die gewünschte Position. Geben Sie den neuen Namen ein, der bis zu 255 Zeichen lang sein darf, und bestätigen Sie den neuen Namen mit [↵].

! Namen mit Dateikennungen

Vorsicht: Mitunter sind die Dateinamen am Ende mit Kennungen wie DOC oder BMP versehen. In diesem Fall muß der neue Name ebenfalls über eine gleichlautende Dateikennung verfügen. Lautet der ursprüngliche Name zum Beispiel „Brief.doc", können Sie ihn in „Angebot für Herrn Müller.doc" umbenennen. Wichtig ist, daß die Kennung „.doc" erhalten bleibt.

Verknüpfungen zu Dateien herstellen

Verknüpfungen machen das Windows-Leben leichter. Unter Verknüpfungen versteht Windows Verweise auf physikalisch vorhandene Objekte, etwa auf einen ganz bestimmten Ordner der Festplatte. Die Verknüpfungen sind praktisch nur Merkzettel, die Windows verraten, wo das Originalobjekt zu finden ist. Der Vorteil: Die Verknüpfung können Sie frei verschieben, ohne das Originalobjekt zu versetzen.

Verknüpfungen bieten sich immer dann an, wenn Sie von mehreren Stellen aus auf ein Objekt zugreifen möchten. Falls Sie zum Beispiel das Objekt „Anzeige" aus der Systemsteuerung direkt von der Arbeitsoberfläche aus starten wollen, brauchen Sie es nicht dorthin zu kopieren. Statt dessen erstellen Sie eine Verknüpfung auf der Arbeitsoberfläche. Die Verknüpfung ist keine echte Kopie, sondern lediglich eine Kopie des Symbols, über das Sie das Originalobjekt erreichen.

1 Um eine Verknüpfung herzustellen, klicken Sie das gewünschte Objekt mit der rechten(!) Maustaste an und halten die Maustaste gedrückt. Ziehen Sie es nun – mit weiterhin gedrückter rechter Maustaste – an den Zielort, und lassen Sie die Maustaste erst dort wieder los. Windows blendet anschließend ein kleines Menü ein.

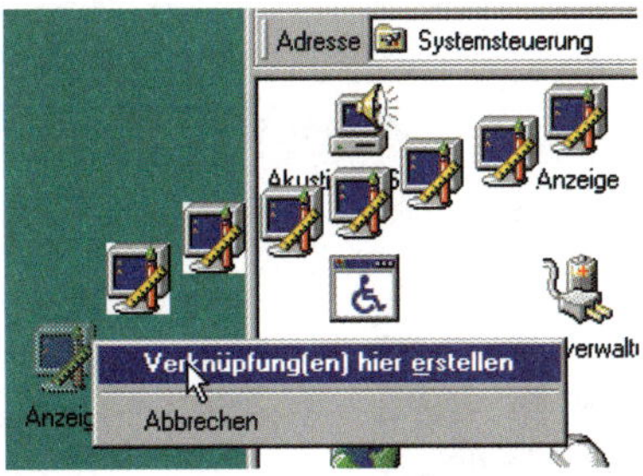

Wählen Sie hier den Befehl

.

2 Danach legt Windows eine Verknüpfung zum Originalobjekt ab. Das Original und die Verknüpfung können Sie leicht voneinander unterscheiden: Jede Verknüpfung ist in der linken unteren Ecke mit einem gebogenen Pfeil

sowie mit der Symbolunterschrift

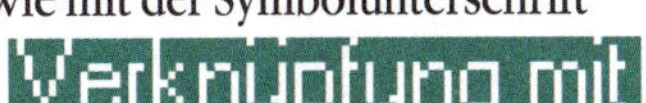

versehen.

3 Windows kennt noch eine zweite Möglichkeit, Verknüpfungen zu erzeugen. Sie empfiehlt sich vor allem dann, wenn Quell- und Zielordner nicht gleichzeitig auf dem Bildschirm sichtbar sind und Sie die Verknüpfung somit nicht direkt mit der Maus an den Zielort ziehen können.

Öffnen Sie den Ordner, in dem Sie eine Verknüpfung erstellen möchten, und klikken Sie mit der rechten(!) Maustaste auf einen freien Bereich des Ordners. Wählen Sie aus dem Kontextmenü

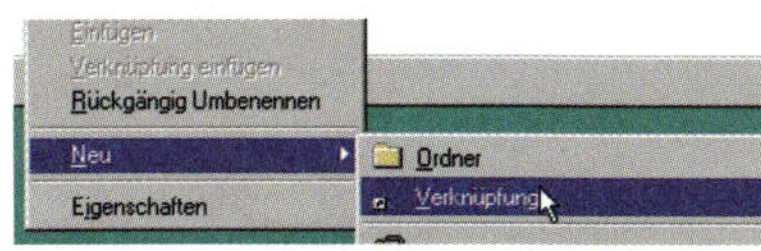

den Befehl

und anschließend

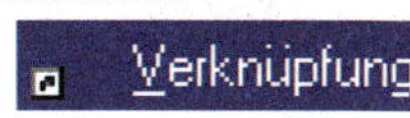

.

4 Im nachfolgenden Fenster geben Sie den **Pfad** und Dateinamen des Originalobjekts ein.

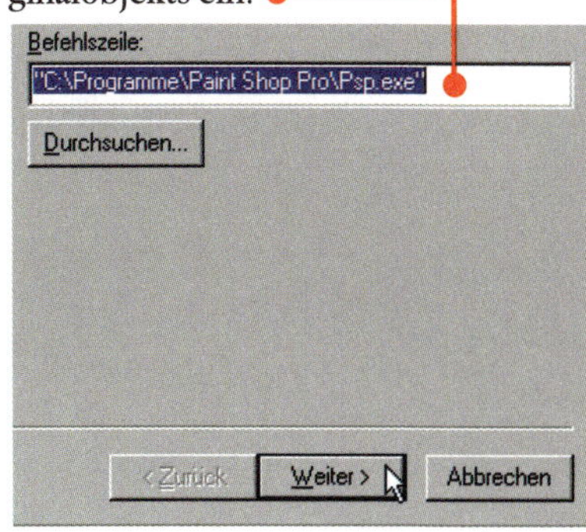

Einfacher gestaltet sich die Auswahl mit-

tels der Schaltfläche

. Hier wählen Sie im Feld

das gewünschte Laufwerk aus und bestimmen in der darunterliegenden Liste den Ordner. Klicken Sie ihn doppelt an. Sobald Sie das gewünschte Originalobjekt gefunden haben, markieren Sie es und klicken auf

. Bestätigen Sie mit

.

5 Geben Sie im nächsten Fenster einen Namen für die Verknüpfung ein

, und klicken Sie erneut auf

.

6 Windows richtet daraufhin eine Verknüpfung zur markierten Datei ein, die - unabhängig von der Größe der Originaldatei - sehr wenig Speicherplatz beansprucht.

7 Dank der Verknüpfung können Sie direkt auf das Originalobjekt zugreifen, ohne den Ordner, in dem sich das Objekt tatsächlich befindet, öffnen zu müssen. Per Doppelklick lassen sich zum Beispiel von der Arbeitsoberfläche aus Ihre Lieblingsspiele öffnen. Verknüpfungen sind also ideale Hilfsmittel, um im Handumdrehen eine optimale Arbeitsoberfläche zu gestalten. So können Sie beispielsweise auch Verknüpfungen zu den Laufwerken oder zum Drucker auf dem Desktop ablegen.

Dateien und Dokumente suchen

Vielleicht kennen Sie das Problem: Sie suchen ein bestimmtes Objekt - zum Beispiel eine Datei oder einen Ordner -, wissen aber nicht, wo genau es sich befindet. Mit der Zeit haben sich auf der Festplatte so viele Objekte angesammelt, daß Sie deren Standort unmöglich im Kopf behalten können. Hier hilft Ihnen die Suchfunktion von Windows 98.

1 Um Objekte, wie Dateien oder Ordner, ausfindig zu machen, klicken Sie auf die Schaltfläche

und wählen aus dem Untermenü

Suchen

den Befehl Dateien/Ordner.

2 Im nachfolgenden Dialogfenster

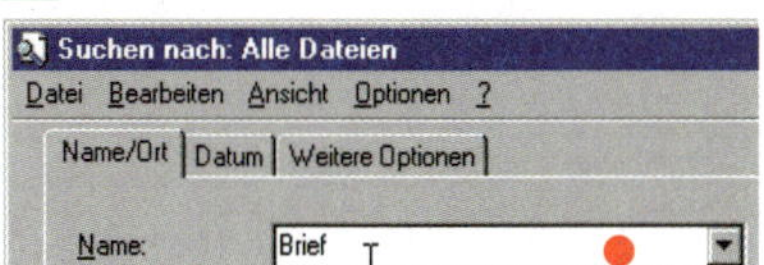

geben Sie in das Feld Name:

den Namen der gesuchten Datei oder des gesuchten Ordners ein. Sie brauchen den Namen dabei nicht vollständig einzutippen; es reicht ein Teilbegriff, der auch in der Mitte oder am Ende des Namens auftaucht. Beim Begriff „Brief" findet Windows „Brief an Steuerberater.doc" genauso wie „Leserbrief.txt".

3 Wo Windows suchen soll, etwa in allen Laufwerken oder in einem speziellen Laufwerk, bestimmen Sie im Listenfeld Suchen in:.

Um die Suche auf den gesamten Computer auszudehnen, wählen Sie den Eintrag Arbeitsplatz.

Sie können die Suche jedoch auch auf ganz bestimmte Laufwerke beschränken. Öffnen Sie hierzu das Listenfeld Suchen in:, und klicken Sie auf das gewünschte Laufwerk.

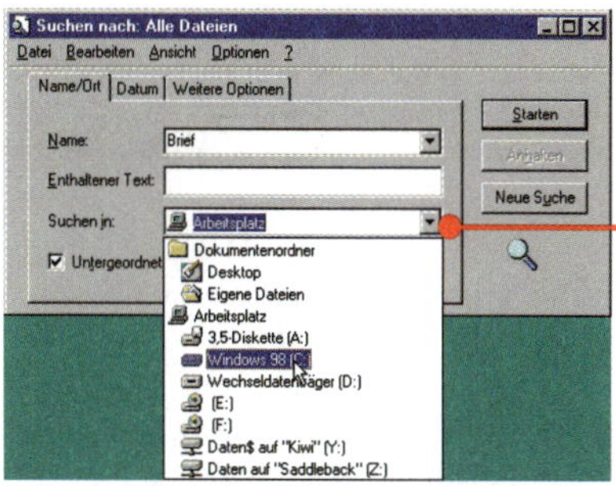

4 Auf Wunsch können Sie das Suchkriterium weiter eingrenzen. Wechseln Sie hierzu per Mausklick in das Register Datum.

Wenn Sie die Suche auf Dateien beschränken möchten, die in einem bestimmten Zeitraum erstellt, geändert oder zuletzt geöffnet wurden, markieren Sie die Option Folgende Dateien suchen:.

Wählen Sie anschließend aus dem nebenstehenden Listenfeld aus, ob sich der Zeitraum auf das Erstell-, Änderungs- oder Zugriffsdatum beziehen soll.

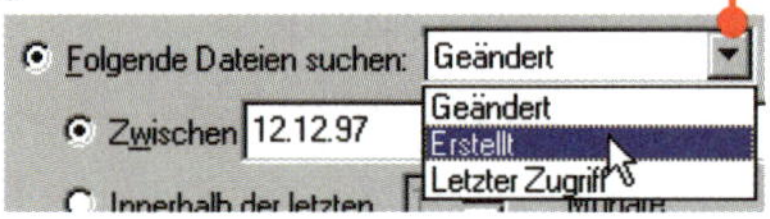

Im unteren Teil des Dialogfensters haben Sie dann die Möglichkeit, den Zeitraum festzulegen. Wählen Sie beispielsweise die Option 

, und tragen Sie das Anfangs- und Enddatum ein. Sie können das Datum auch auswählen, indem Sie auf den nach unten weisenden Pfeil  des Listenfelds klicken und danach im Kalenderblatt auf das gewünschte Datum klicken.

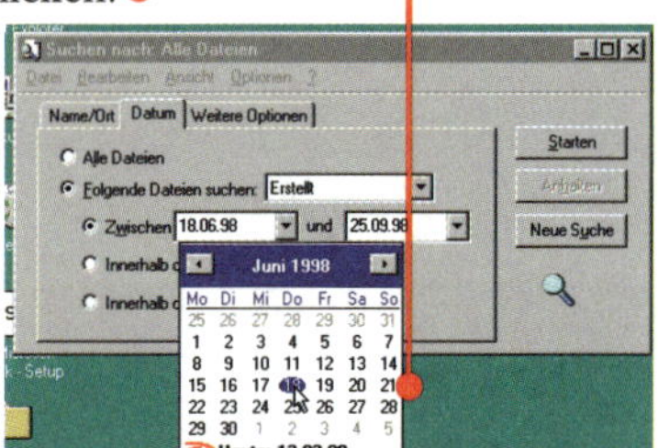

5 Anschließend klicken Sie auf die Schaltfläche 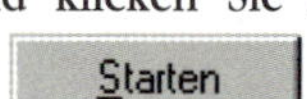

.

Windows macht sich jetzt – entsprechend Ihren Anweisungen – auf die Suche nach den gewünschten Dateien. Im erweiterten Suchfenster können Sie in der Statuszeile erkennen, in welchem Ordner der Festplatte Windows gerade sucht.

6 Sofern Windows Erfolg hatte, werden alle Fundstellen im unteren Teil des Dialogfensters eingeblendet. Hier erfahren Sie auch, in welchem Ordner sich die Datei befindet.

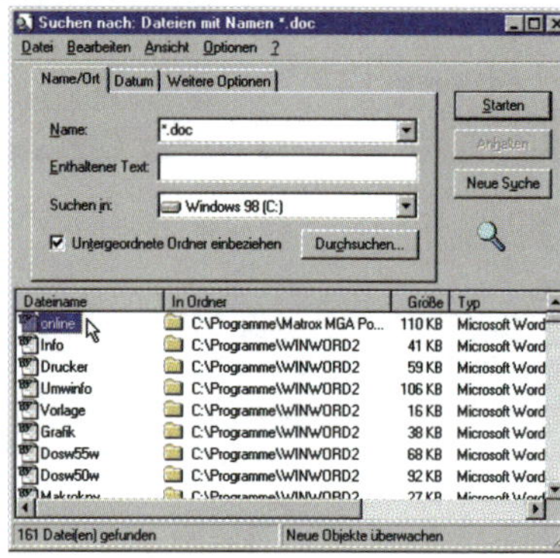

7 Besonders praktisch: Die ermittelten Dateien können Sie direkt im Suchen-Fenster weiterbearbeiten und beispielsweise öffnen, umbenennen, verschieben oder löschen. Klicken Sie die Datei hierzu mit der rechten(!) Maustaste an, und wählen Sie aus dem Kontextmenü den entsprechenden Befehl, zum Beispiel

.

Dateien in der Schnellansicht betrachten

In einem Ordner befinden sich oftmals völlig unterschiedliche Dateien. Das Angebot kann von Texten und Tabellen über Diagramme bis hin zu Grafiken reichen. Nicht immer ist man jedoch im Besitz des zugehörigen Programms, um den Inhalt der Dateien betrachten zu können. Hier hilft die Schnellansicht von Windows: Die Schnellansicht zeigt Ihnen blitzschnell, was sich hinter einer Datei verbirgt und wie der Text, die Tabelle oder die Grafik usw. aussieht.

1 Bevor Sie die Schnellansicht nutzen können, müssen Sie sie allerdings zuerst von der Windows-98-CD-ROM nachinstallieren. Klicken Sie hierzu auf die Schaltfläche **Start**,

und wählen Sie aus dem Untermenü **Einstellungen**

den Befehl **Systemsteuerung**.

Klicken Sie anschließend doppelt auf das Symbol

Software.

2 Wechseln Sie im nachfolgenden Dialogfenster in das Register **Windows Setup**.

Markieren Sie dort in der Liste **Komponenten**

den Eintrag **Zubehör**,

und klicken Sie auf die Schaltfläche **Details...**.

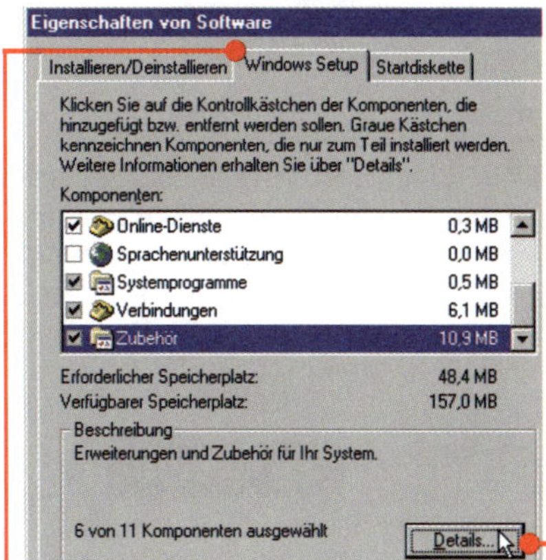

3 Im nächsten Fenster

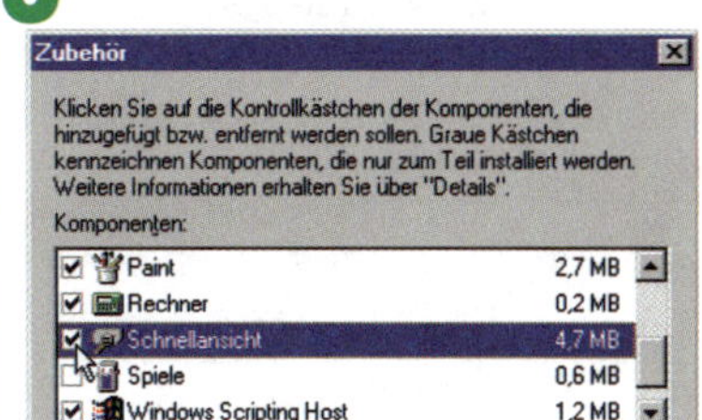

aktivieren Sie das Kontrollkästchen **Schnellansicht**

und schließen das Dialogfenster mit **OK**.

4 Schließen Sie auch das Dialogfenster **Eigenschaften von Software** mit einem Mausklick auf die Schaltfläche **OK**.

Windows installiert anschließend die Dateien für die Schnellansicht. Legen Sie hierzu die Windows-CD-ROM in Ihr CD-ROM-Laufwerk.

5 Sobald die Installation abgeschlossen ist, können Sie mit Hilfe der Schnellansicht einen Blick in die Dateien Ihrer Festplatte werfen. Markieren Sie mit einem Mausklick die gewünschte Datei, zum Beispiel ein Word-Dokument, und rufen Sie im Menü **Datei** den Befehl **Schnellansicht** auf. Alternativ hierzu können Sie das Objekt mit der rechten(!) Maustaste anklikken und im Kontextmenü den Befehl **Schnellansicht** aufrufen. Windows blendet anschließend ein neues Fenster ein, das den Inhalt der Datei zeigt.

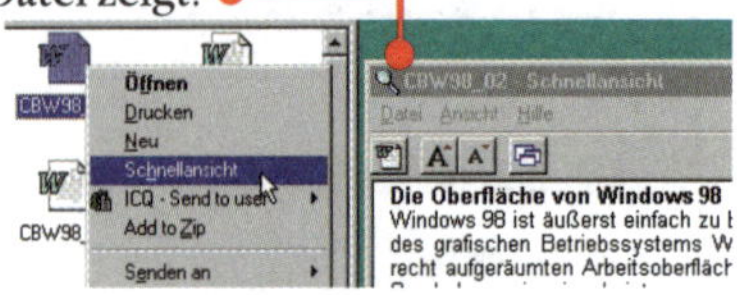

Übrigens: Sollte der Befehl **Schnellansicht** nicht verfügbar sein, haben Sie leider eine Datei erwischt, in die Windows keinen Einblick gewährt.

6 Die Schnellansicht zeigt den Inhalt der Datei so, wie Sie ihn auch in der Originalanwendung sehen würden. Mit dem Menübefehl **Datei** **Datei zum Bearbeiten öffnen** oder der ersten Schaltfläche der Symbolleiste können Sie die korrekte Anwendung direkt aufrufen und die Datei dort bearbeiten.

7 Falls es sich um ein Textdokument handelt, haben Sie im Fenster der Schnellansicht die Möglichkeit, mit Hilfe der Schaltflächen der Symbolleiste die Schriftart zu vergrößern (A) oder zu verkleinern (A).

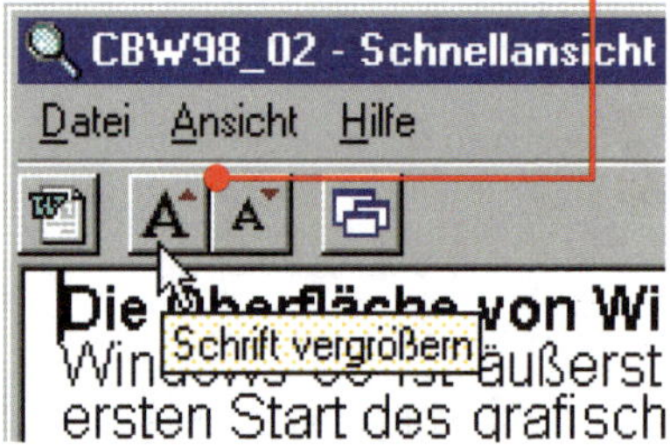

8 Wenn Sie das Textdokument so darstellen möchten, wie es auf dem Drucker aussehen würde, rufen Sie im Menü

den Befehl

auf. Über die Pfeilschaltfläche

()

in der rechten oberen Ecke ist es dann ein leichtes, durch längere Dokumente zu blättern.

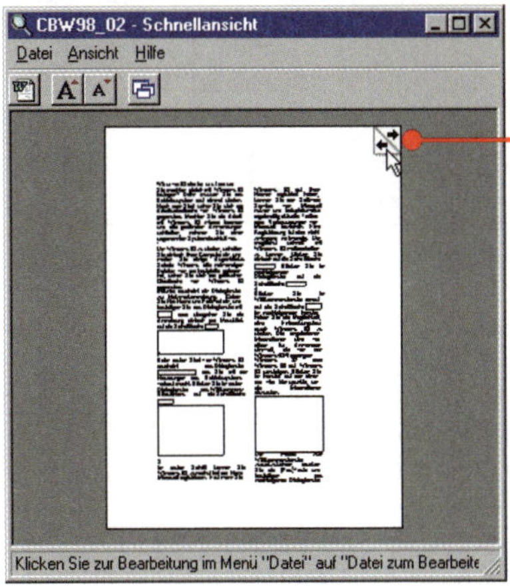

Einzelklick statt Doppelklick

Im Betriebssystem Windows hat der Doppelklick eine große Tradition. Bereits seit der ersten Windows-Version gehört der Doppelklick einfach dazu. Doch das zweimalige Klicken mit der Maus ist nicht jedermanns Sache. Das haben auch die Windows-Entwickler erkannt und bieten seit Windows 98 eine Alternative an. Auf Wunsch brauchen Sie mit der Maus nur noch ein einziges Mal zu klicken, um beispielsweise eine Datei zu öffnen, in der Ordnerhierarchie zu stöbern oder Programme zu starten.

1 Um in Zukunft dem Doppelklick ade zu sagen und Dateien mit einem einfachen Mausklick öffnen zu können, öffnen Sie zunächst einen beliebigen Ordner. Klicken Sie beispielsweise doppelt auf das Symbol

.

2 Anschließend klicken Sie auf das Menü

sowie auf den Befehl

.

3 Markieren Sie im nachfolgenden Dialogfenster

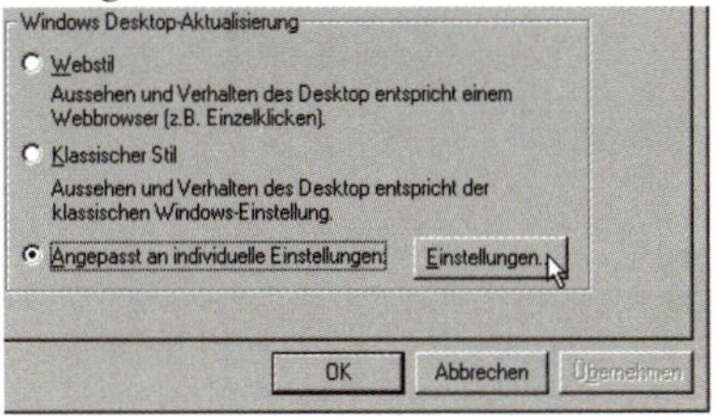

die Option

Angepasst an individuelle Einstellungen,

und klicken Sie auf die Schaltfläche

Einstellungen.

4 Im unteren Teil des nächsten Fensters

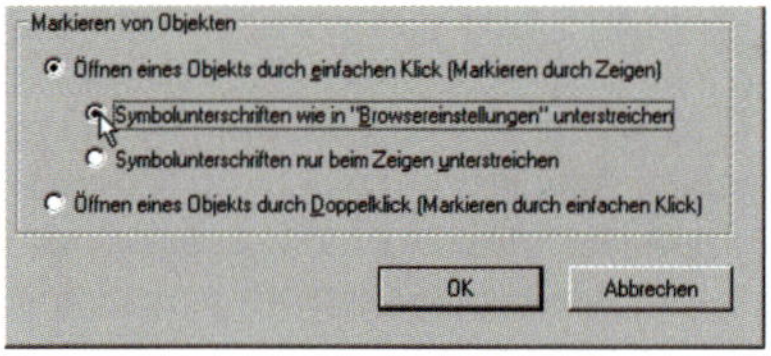

markieren Sie nun die Option

Öffnen eines Objekts durch einfachen Klick

sowie

Symbolunterschriften wie in "Browsereinstellungen" unterstreichen.

Schließen Sie das Dialogfenster mit einem Mausklick auf die Schaltfläche

OK.

5 Schließen Sie auch das Dialogfenster

Ordneroptionen,

indem Sie auf die Schaltfläche

Schließen

klicken.

6 Ab sofort genügt nur noch ein einziger Mausklick, um Symbole und Dateien zu aktivieren. Alle Symbole, die Sie anklicken können, stellt Windows unterstrichen dar. Besonders praktisch: Sobald Sie mit der Maus auf eines der unterstrichenen Symbole zeigen, erscheint als Mauszeiger eine kleine Hand. Zusätzlich wird die Symbolunterschrift in blauer Schrift dargestellt.

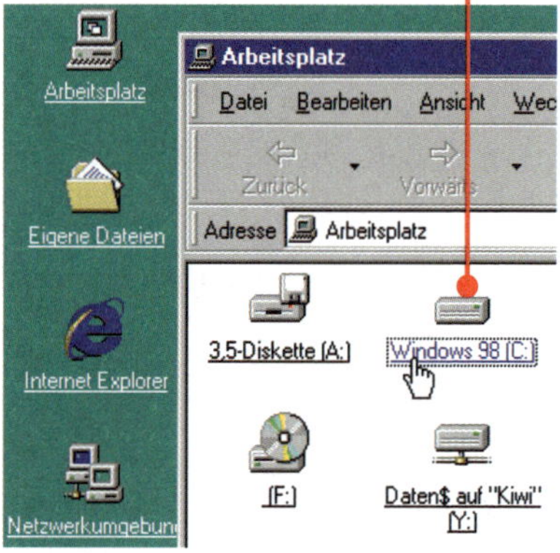

7 Wenn ab sofort ein einziger Mausklick zum Öffnen und Aktivieren eines Objekts genügt, stellt sich natürlich die Frage, wie Objekte in Zukunft markiert werden – schließlich diente zu Doppelklick-Zeiten der einfache Mausklick zum Markieren der Objekte.

Doch auch hier haben sich die Windows-Entwickler etwas einfallen lassen. Um eine Datei zu markieren, plazieren Sie den Mauszeiger praktisch nur noch auf das zu markierende Objekt: Sie zeigen mit dem Mauszeiger einfach auf die Datei. Nach wenigen Augenblicken markiert Windows das Objekt – ganz ohne Mausklick.

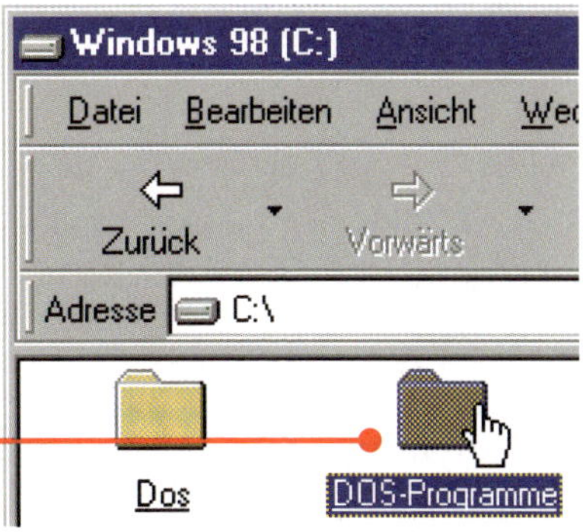

8 Falls Sie zuvor mit dem Doppelklick gearbeitet haben sollten, ist die Umstellung auf den einfachen Mausklick sicherlich recht gewöhnungsbedürftig. Sollte Ihnen der einfache Mausklick nicht zusagen, können Sie jederzeit wieder zum Doppelklick zurückkehren. Rufen Sie hierzu erneut in einem beliebigen Ordner den Menübefehl

Ansicht | Ordneroptionen...

auf.

9 Klicken Sie im nachfolgenden Dialogfenster auf die Schaltfläche

Einstellungen... .

10 Markieren Sie im nächsten Fenster

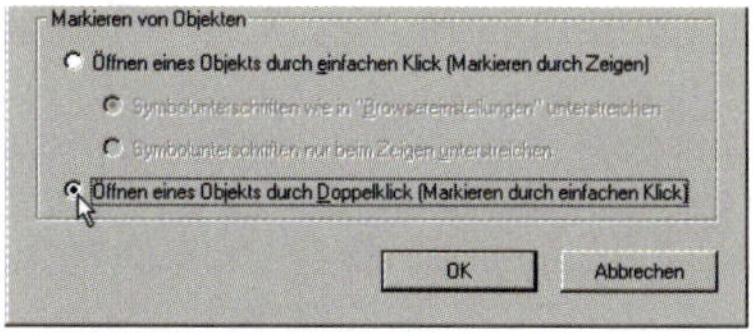

die letzte Option

Öffnen eines Objekts durch Doppelklick.

11 Schließen Sie die beiden Dialogfenster, indem Sie auf die Schaltfläche OK sowie Schließen klicken. Ab sofort müssen Sie Dateien und Symbole wieder doppelt, also zweimal kurz hintereinander, anklicken, um sie zu aktivieren.

6 Mit Windows 98 ins Internet

Das Internet mausert sich neben TV, Hörfunk und Zeitung zur vierten großen Kommunikationsplattform. Kein Wunder, schließlich ist das Internet mit mehreren Millionen vernetzten Computern das größte Netzwerk der Erde. Praktisch die ganze Welt ist dank des Internets untereinander vernetzt - man spricht auch vom „globalen Dorf". Experten schätzen, daß weltweit über 90 Millionen Anwender das Internet nutzen. Dementsprechend riesig und vielseitig ist auch das Angebot. Zu nahezu jedem Interessengebiet hält das Internet die passenden Informationen bereit; täglich kommen Tausende von Seiten mit neuen Informationen hinzu.

Die genaue Anzahl der vernetzten Rechner, der verfügbaren Seiten oder der Benutzer läßt sich leider nicht exakt ermitteln, da das Internet einen losen Verbund unabhängiger Netzwerke darstellt. Es gibt keine zentrale Verwaltungsorganisation, die über das Internet wacht; Anwender werden nicht registriert. So nimmt es nicht wunder, daß im Internet unzensiert Nachrichten und Meinungen zu den verschiedensten Themen, von Politik und Wissenschaft bis hin zu Sport, Kultur und Freizeit, zirkulieren.

Der Zugang zum Internet ist in Windows 98 bereits eingebaut. Sie brauchen nur noch ein Modem und einen Anbieter, der Ihnen den Zugang zum Internet zur Verfügung stellt - und schon können Sie sich auf die weltweite Datenreise begeben. Als Fenster in das World Wide Web - das ist praktisch die Multimedia-Abteilung des Internets - dient der Internet Explorer.

Kapitel-Wegweiser

Voraussetzungen für den Internet-Zugang

Windows 98 hat bereits alle Werkzeuge von Haus aus an Bord, damit Sie bequem im Internet stöbern, man sagt auch „surfen“, können. Bevor Sie sich jedoch mit Windows 98 auf die Reise ins Internet begeben, müssen Sie einige Punkte klären. Überprüfen Sie vor der Installation und Einrichtung der Windows-98-Werkzeuge, ob folgende Voraussetzungen erfüllt sind:

Modem – Der Zugang zum Internet erfolgt in der Regel per **Modem**. Das Modem ist mit Ihrem Telefonanschluß verbunden und überträgt die Daten via Telefonleitung vom Internet auf Ihren Computer.

Internet-Provider – Den Zugang zum weltweiten Internet ermöglichen sogenannte **Internet-Provider**, die für eine monatliche Pauschale oder in Form von zeit- beziehungsweise volumenabhängigen Gebühren die Zugangsmöglichkeiten zum Internet zur Verfügung stellen. Nachfolgend finden Sie eine kleine Auswahl von Internet-Providern:

* Germany.net (Telefon: 069/633970) bietet kostenlose Zugänge an, die lediglich durch Werbung unterbrochen werden.

* UUnet GmbH (Telefon: 0231/97200) kostet zwischen 35 und 49 Mark pro Monat, zuzüglich zeitabhängige Gebühren.

* IBM Deutschland (Telefon: 0130/821141) kostet zwischen 26 und 52 Mark pro Monat einschließlich 5 beziehungsweise 30 Stunden; jede weitere Stunde 4 Mark.

* Internet Services GmbH (Telefon: 040/766291623) kostet etwa 35 Mark pro Monat für unbegrenzte Nutzung.

* Nacamar GmbH (Telefon: 06103/99010) kostet zwischen 15 und 39 Mark pro Monat für unbegrenzte Nutzung.

* TopNet (Telefon: 02151/497510) kostet zwischen 69 und 517,50 Mark pro Monat.

Alternativen zu klassischen Internet-Providern sind Online-Dienste wie T-Online, CompuServe oder MSN (Microsoft Network), die ebenfalls Zugänge zum Internet anbieten:

* CompuServe (Telefon: 0130/3732) kostet 9,95 Dollar pro Monat inklusive 5 Stunden; jede weitere Stunde 2,95 Dollar.

* T-Online (Telefon: 0130/0190) kostet 8 Mark pro Monat; jede Stunde Internet 3 Mark.

* Microsoft Network (Telefon: 0130/814479) kostet 12 Mark pro Monat einschließlich 2 Stunden; jede weitere Stunde 6 Mark. Oder 49 Mark pro Monat für unbegrenzte Nutzung

Zugangsdaten – Es spielt keine Rolle, ob Sie sich für einen Online-Dienst oder einen klassischen Internet-Provider ent-

! Online-Dienst an Bord von Windows 98

Für die Online-Dienste AOL, CompuServe und Microsoft Network hat Windows 98 auch gleich die zugehörige Software mit an Bord. Um die Zugangssoftware zu installieren, klicken Sie auf der Arbeitsoberfläche von Windows zunächst doppelt auf das Symbol 

.

Im nachfolgenden Fenster können Sie die gewünschte Software installieren, indem Sie doppelt auf das Symbol des jeweiligen Anbieters klicken.

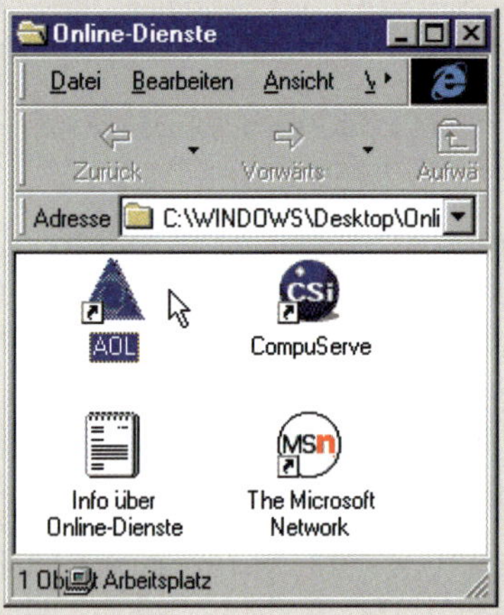

scheiden, allen Anbietern ist gemeinsam: Bevor Sie sich mit dem Internet verbinden können, benötigen Sie von Ihrem Provider genaue Informationen über den jeweiligen Internet-Zugang. Im einzelnen sollten Sie von Ihrem Provider folgende Informationen in Erfahrung bringen und notieren:

* *Rufnummer* - Die Telefonnummer des Einwahlknotens, über den Sie sich später per Modem in das Internet einwählen können. In der Regel sollte der Einwahlknoten in der günstigen Ortstarifzone liegen.

* *Benutzername* - Um sich beim Internet-Provider zu identifizieren, benötigen Sie einen Benutzernamen.

* *Kennwort* - Der Zugang zum Internet ist stets paßwortgeschützt. Neben dem Benutzernamen erhalten Sie von Ihrem Internet-Provider auch ein Zugangskennwort, das Sie später in der Regel jederzeit ändern können.

Das Modem einrichten

Das Modem ist die Schnittstelle zwischen Ihrem Computer und dem Internet. Es wandelt die Daten des Internets in Tonsignale um und schickt sie über die Telefonleitung. Bevor Sie das Modem jedoch nutzen können, müssen Sie es bei Windows 98 anmelden.

1 Schließen Sie das Modem, wie im Modem-Handbuch beschrieben, an die serielle Schnittstelle Ihres Computers sowie an Ihre Telefonleitung an.

2 Klicken Sie in Windows auf die Schaltfläche

, und wählen Sie aus dem Menü

den Befehl

.

3 Anschließend klicken Sie im Fenster der Systemsteuerung doppelt auf das Symbol

.

4 Sofern zuvor noch kein Modem installiert war, erscheint sofort der Modem-Assistent. Ist dies nicht der Fall, klicken Sie auf die Schaltfläche

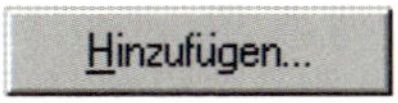

.

Schalten Sie das Modem ein, und klicken Sie im ersten Fenster des Assistenten

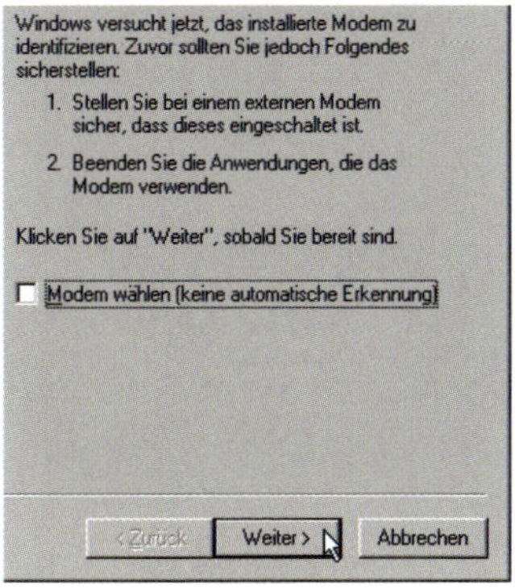

auf die Schaltfläche

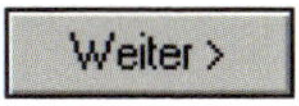

.

5 Windows sucht und analysiert daraufhin das angeschlossene Modem.

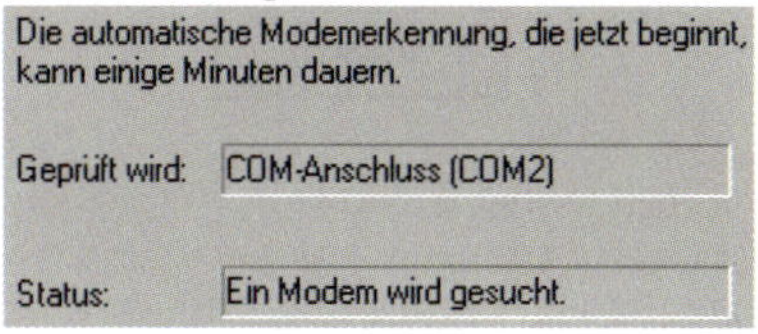

6 Im nächsten Fenster präsentiert Windows das Ergebnis der Suche. In der Regel erkennt Windows den Hersteller sowie das Modell des Modems automatisch.

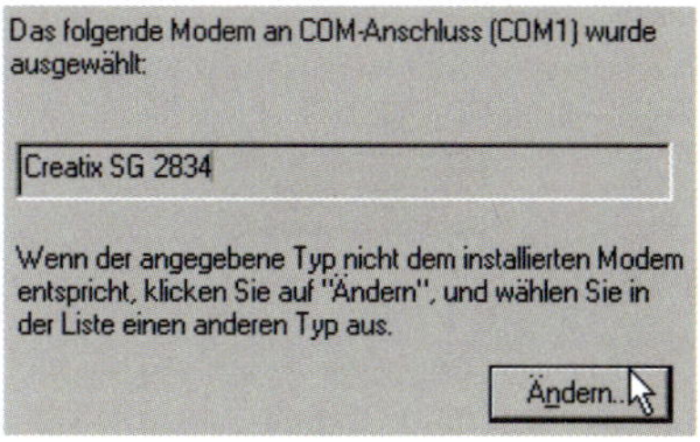

Sollte Windows das falsche Modem erkannt haben, können Sie auf

klicken und im nachfolgenden Fenster

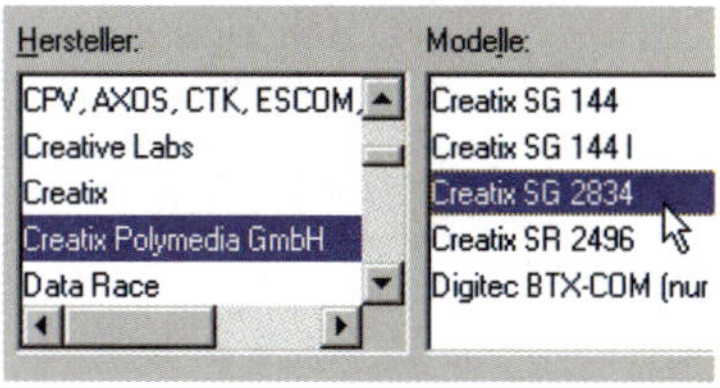

den Hersteller sowie das Modell von Hand festlegen. Schließen Sie in diesem Fall das Auswahlfenster mit

.

7 Bestätigen Sie das Fenster des Assistenten mit einem Mausklick auf die Schaltfläche [Weiter >].

8 Jetzt richtet Windows das Modem für die Arbeit mit Windows 98 ein. Sobald die Einrichtung abgeschlossen ist, erscheint abschließend die Meldung „Das Modem ist jetzt konfiguriert".

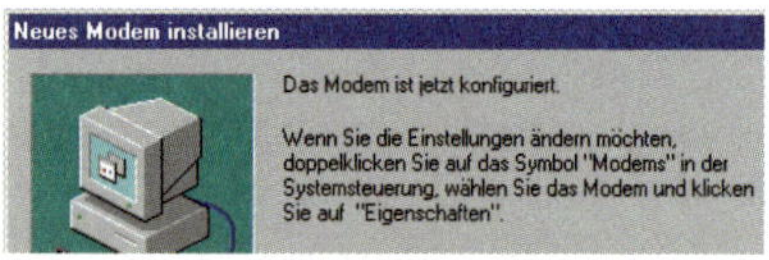

Beenden Sie den Assistenten, indem Sie auf die Schaltfläche

[Fertig stellen >]

klicken.

9 Das neue Modem erscheint nun in der Liste der installierten Modems.

10 Ob das Modem korrekt angeschlossen ist, können Sie sofort überprüfen. Klicken Sie zunächst auf das Register [Diagnose].

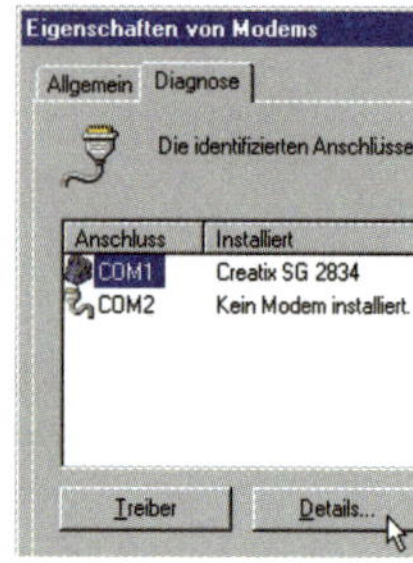

11 Markieren Sie den Anschluß, an dem Ihr Modem angeschlossen ist, beispielsweise

COM1 Creatix SG 2834,

und klicken Sie anschließend auf die Schaltfläche [Details...].

12 Wenn das Modem richtig angeschlossen ist, erscheint nach wenigen Augenblicken das Ergebnis der Untersuchung.

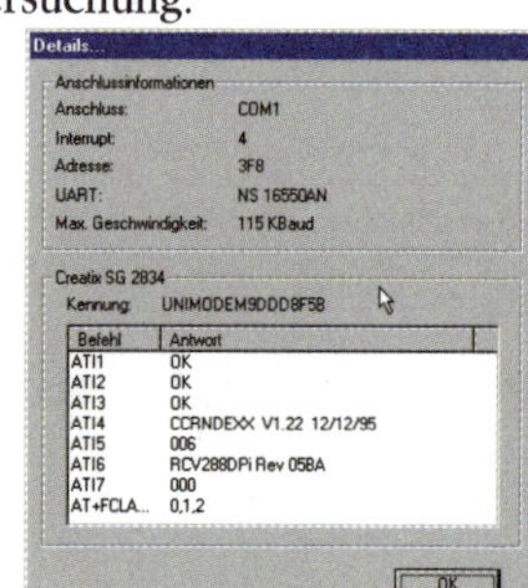

13 Schließen Sie die beiden Dialogfenster per Mausklick auf die Schaltfläche [OK].

Einen Internet-Zugang einrichten

Haben Sie die Zugangsinformationen Ihres Internet-Anbieters parat? Ist das Modem korrekt angeschlossen und konfiguriert? Dann können Sie loslegen und den Zugang zum weltweiten Internet einrichten.

1 Klicken Sie auf die Schaltfläche

Start

und anschließend auf die Befehle

Programme, Internet Explorer

und

Verbindung mit dem Internet.

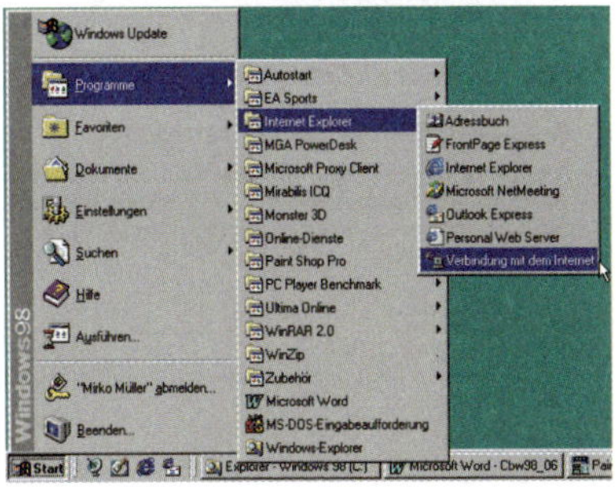

2 Windows startet daraufhin den Assistenten für den Internet-Zugang. Markieren Sie im ersten Fenster des Assistenten die zweite Option, und klicken Sie auf die Schaltfläche

Weiter >.

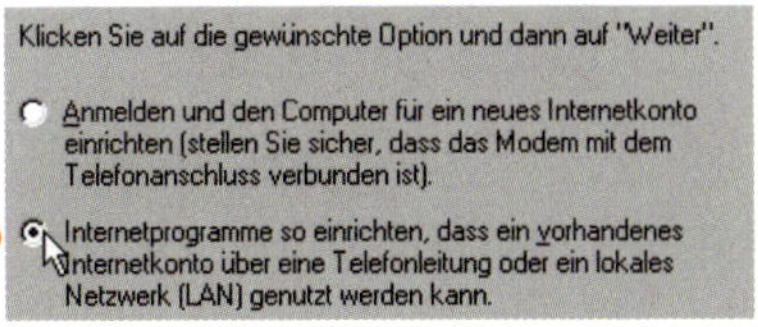

3 Markieren Sie im nächsten Fenster des Assistenten die erste Option

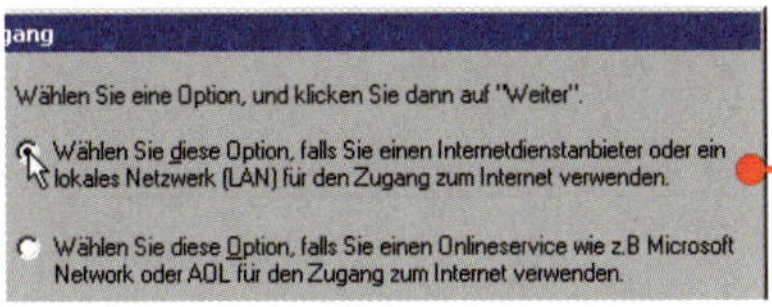

und bestätigen Sie die Auswahl mit

Weiter >.

4 Im nachfolgenden Dialogfenster

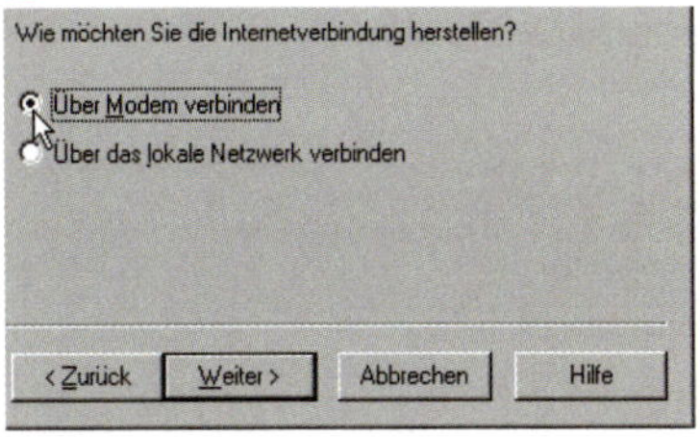

klicken Sie auf die Option

Über Modem verbinden

und danach auf die Schaltfläche

Weiter >.

5 Im nächsten Fenster können Sie die Telefonnummer des **Einwahlknotens** Ihres Internet-Anbieters eingeben. Klicken Sie auf das Eingabefeld

Ortskennzahl: beziehungsweise Rufnummer:, und tragen Sie die entsprechende Rufnummer ein.

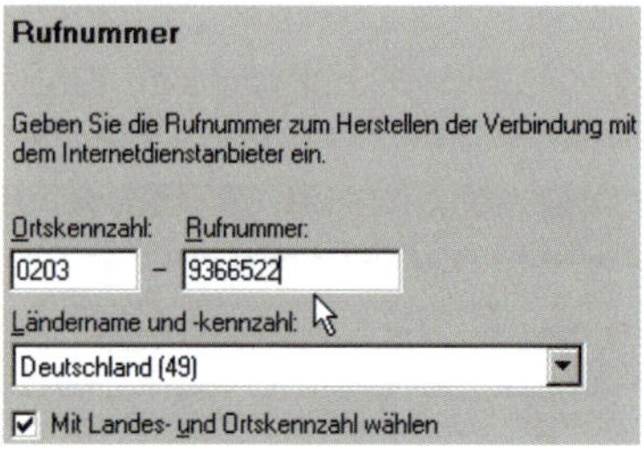

Bestätigen Sie die Eingabe per Mausklick auf die Schaltfläche Weiter >.

6 Klicken Sie im nächsten Fenster

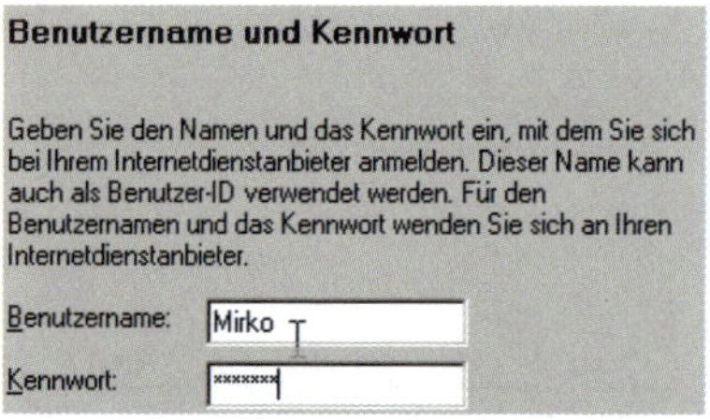

auf das Eingabefeld Benutzername:, und tippen Sie den Namen ein, mit dem Sie sich bei Ihrem Internet-Anbieter anmelden müssen. Tragen Sie anschließend in das Feld Kennwort: Ihr Zugangspaßwort ein, und klicken Sie auf Weiter >.

7 In der Regel reichen die Standardeinstellungen des Assistenten aus, um die Verbindung zu Ihrem Anbieter aufzubauen. Wählen Sie daher im Assistenten die Option Nein, und klicken Sie auf Weiter >.

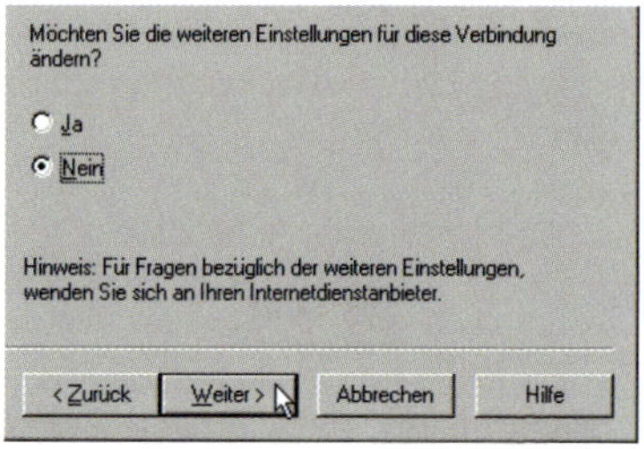

8 Geben Sie im nachfolgenden Dialogfenster

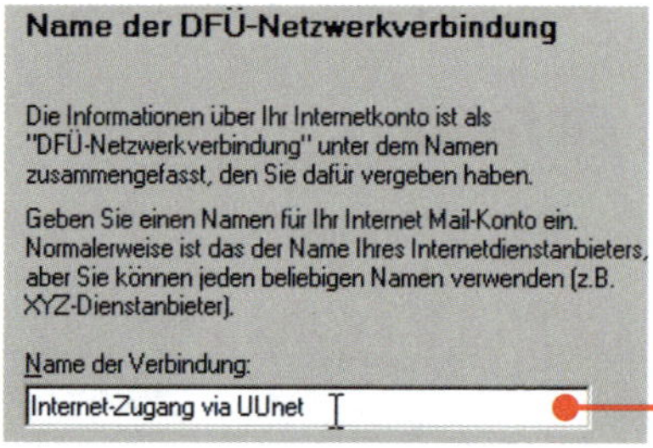

einen Namen für den Zugang ein. Verwenden Sie dabei einen möglichst aussagekräftigen Namen wie „Internet-Zugang via UUnet“. Bestätigen Sie den Namen, indem Sie auf die Schaltfläche Weiter > klicken.

9 Markieren Sie im nächsten Fenster des Assistenten

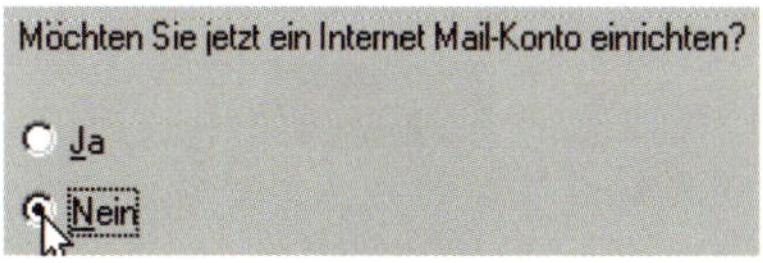

die Option 

, und klicken Sie auf 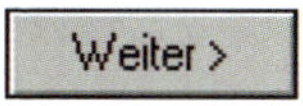

.

10 Auch im folgenden Dialogfenster wählen Sie die Option

und bestätigen die Auswahl per Mausklick auf 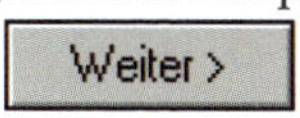

.

11 Beantworten Sie die Frage nach dem Internet-Verzeichnisdienst ebenfalls mit 

. Fahren Sie mit Hilfe der Schaltfläche

mit der Einrichtung fort.

12 Im letzten Fenster des Assistenten teilt Ihnen Windows mit, daß alle Informationen für den Internet-Zugang erfolgreich eingetragen wurden. Beenden Sie den Assistenten, indem Sie auf die Schaltfläche

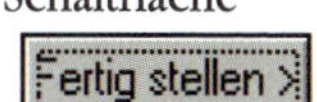

klicken.

13 Anschließend möchte Windows gleich eine erste Verbindung ins Internet aufbauen. Windows startet den Internet Explorer und blendet das Dialogfenster 

ein. Hier hat Windows schon Ihren Benutzernamen sowie das Kennwort eingetragen.

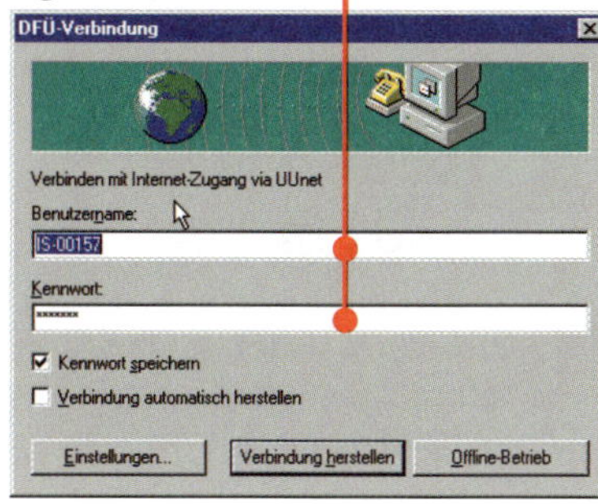

14 Klicken Sie auf die Schaltfläche

,

um via Modem den Computer Ihres Internet-Anbieters anzuwählen. Im Statusfenster können Sie genau verfolgen, welchen Schritt Windows gerade durchführt.

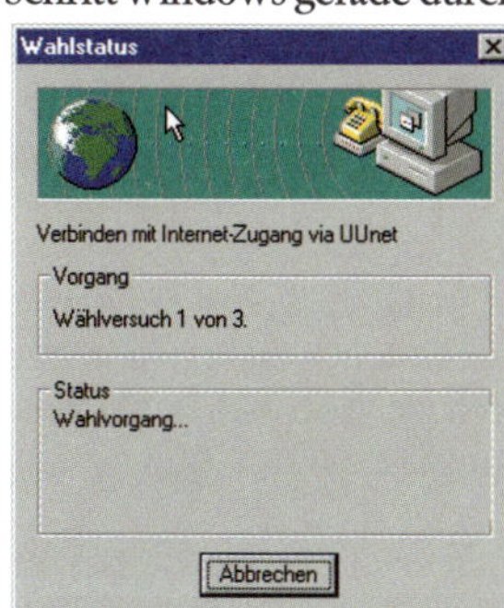

15 Sobald die Verbindung erfolgreich aufgebaut wurde, verschwindet das Statusfenster wieder. In der Task-Leiste erscheint dafür neben der Digitaluhr ein neues Symbol mit zwei kleinen Kontrollämpchen. Anhand der Kontrollämpchen können Sie erkennen, ob der Computer gerade Daten empfängt (oben) oder Daten verschickt (unten). Wenn Daten über die Telefonleitung fließen, blinken die beiden Symbole hellgrün.

16 Zusätzlich startet Windows den Internet Explorer und stellt eine Online-Verbindung zur Internet-Seite von Microsoft her.

17 Um die Testverbindung wieder zu beenden, klicken Sie in der Task-Leiste mit der rechten(!) Maustaste auf das Computersymbol  .

Daraufhin erscheint ein kleines Menü

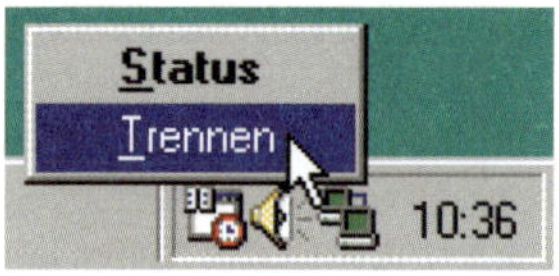

,

aus dem Sie den Befehl

anklicken.

Eine Verbindung zum Internet aufbauen

Sofern Sie - wie auf den vorangegangenen Seiten beschrieben - den Internet-Zugang korrekt eingerichtet haben, können Sie jederzeit einen Abstecher in das weltweite Internet unternehmen.

1 Klicken Sie auf die Schaltfläche

und anschließend auf die Befehle

,

,

und

.

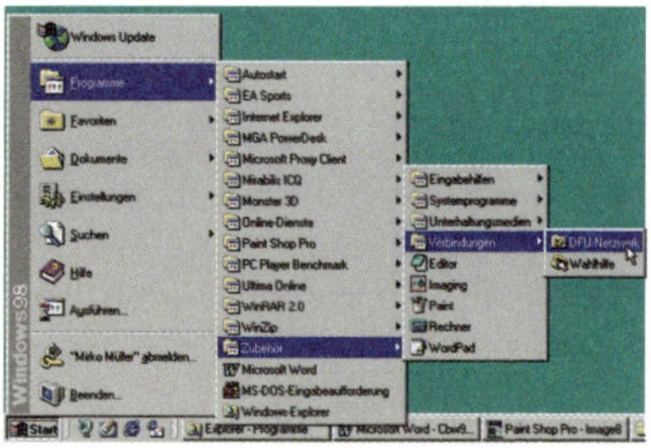

Windows öffnet daraufhin das DFÜ-Netzwerkfenster. Hier finden Sie auch ein Symbol für die DFÜ-Netzwerkverbindung, die Sie mit dem Assistenten erstellt haben.

2 Klicken Sie doppelt auf das Symbol für den Internet-Zugang, zum Beispiel auf

.

3 Windows blendet jetzt das Fenster

ein. Hier sind Ihre Zugangsdaten bereits eingetragen.

Klicken Sie auf die Schaltfläche

,

um die Verbindung zu Ihrem Internet-Anbieter aufzubauen.

4 Anschließend richtet Windows mit Hilfe des Modems eine Telefonverbindung zu Ihrem Internet-Anbieter ein. Im Statusfenster können Sie genau verfolgen, wie weit der Verbindungsaufbau bereits fortgeschritten ist.

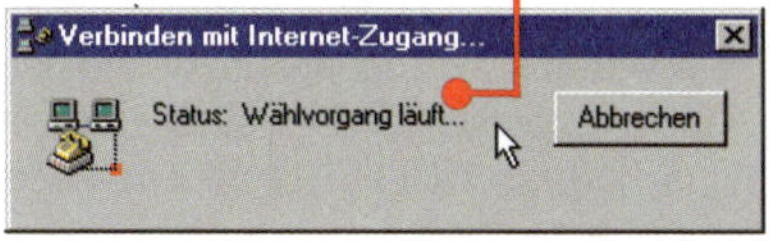

5 Nachdem die Verbindung erfolgreich aufgebaut wurde, erscheint das Dialogfenster

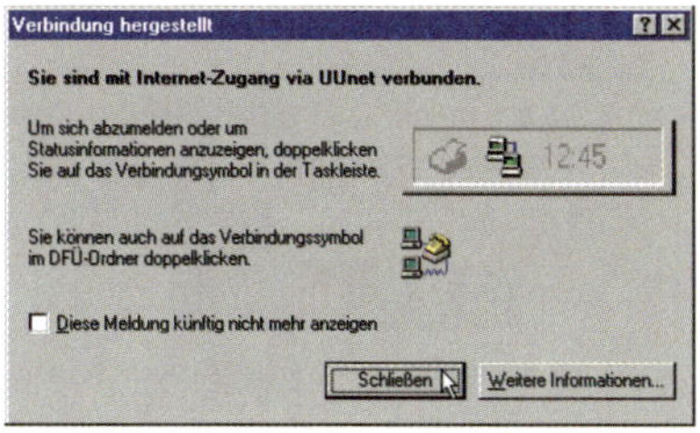

Schließen Sie das Dialogfenster per Mausklick auf die Schaltfläche

.

6 Solange die kostenpflichtige Verbindung zum Internet besteht, erscheint in der Task-Leiste unten rechts ein kleines Verbindungssymbol in Form zweier Computer

.

Anhand des Symbols können Sie erkennen, ob gerade Daten über die Telefonleitung fließen. Wenn Sie Daten empfangen, blinkt das obere Symbol, wenn Sie welche verschicken, das untere.

7 Sobald die Internet-Verbindung besteht, können Sie jede beliebige Internet-Awendung starten, beispielsweise den Internet Explorer. Klicken Sie hierzu auf der Arbeitsoberfläche doppelt auf das Symbol

.

Automatischer Verbindungsaufbau

Praktisch: Wenn Sie den Internet Explorer starten, bevor Sie eine Verbindung zum Internet aufgebaut haben, blendet Windows automatisch das Dialogfenster

ein. Sie können dann per Mausklick auf die Schaltfläche

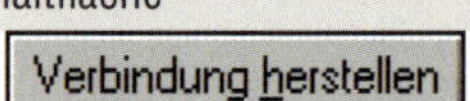

sofort eine Verbindung zum Internet aufbauen.

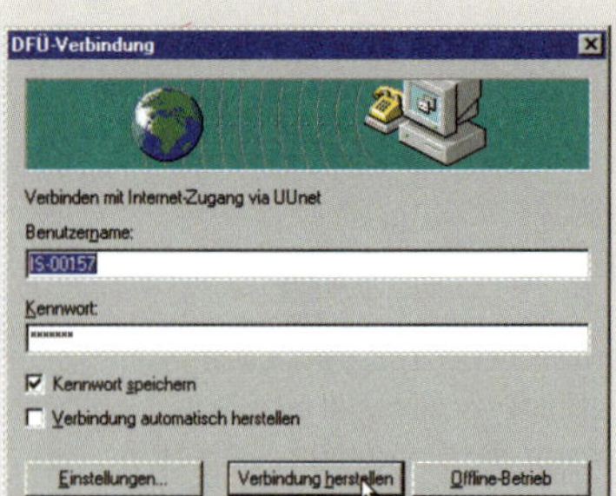

Ausführliche Informationen zum Internet Explorer und zum „Surfen" im Internet erhalten Sie auf den nachfolgenden Seiten.

8 Um Kosten zu sparen, sollten Sie die Internet-Verbindung trennen, sobald Sie nicht mehr im Internet stöbern möchten. Klicken Sie hierzu in der Task-Leiste doppelt auf das Verbindungssymbol

.

Es erscheint das Dialogfenster

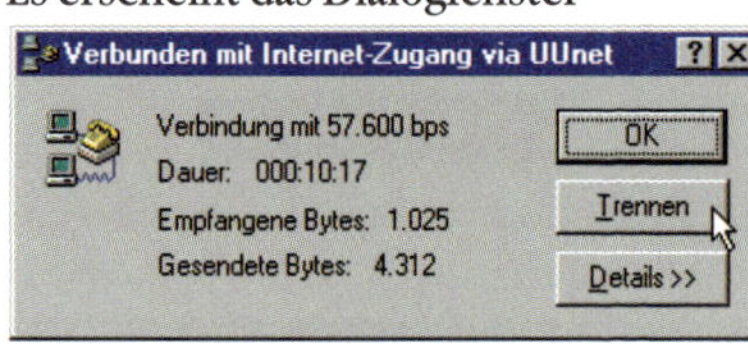

Hier klicken Sie auf die Schaltfläche

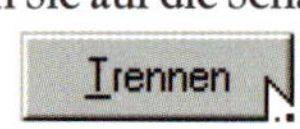

, damit die Telefonverbindung zum Internet gekappt wird.

Im World Wide Web stöbern

Im Internet gehört das World Wide Web zu den beliebtesten Diensten – es ist praktisch die Multimedia-Abteilung des weltweiten Netzwerks. Hier finden Sie ein unendliches Informationsangebot zu allen erdenklichen Themengebieten. Es macht einfach Spaß, durch die unzähligen Seiten des World Wide Web zu stöbern.

1 Stellen Sie zunächst - wie auf den vorhergehenden Seiten beschrieben - eine Verbindung zum Internet her.

2 Starten Sie anschließend den Internet Explorer, indem Sie in der Task-Leiste von Windows

auf die Schaltfläche

 klicken.

3 Der Internet Explorer ist das Fenster zum World Wide Web. Zunächst baut er eine Verbindung zur Startseite der Firma Microsoft auf. Hier erhalten Sie stets aktuelle Informationen rund um die Software-Schmiede sowie aktuelle Nachrichten vom Tage.

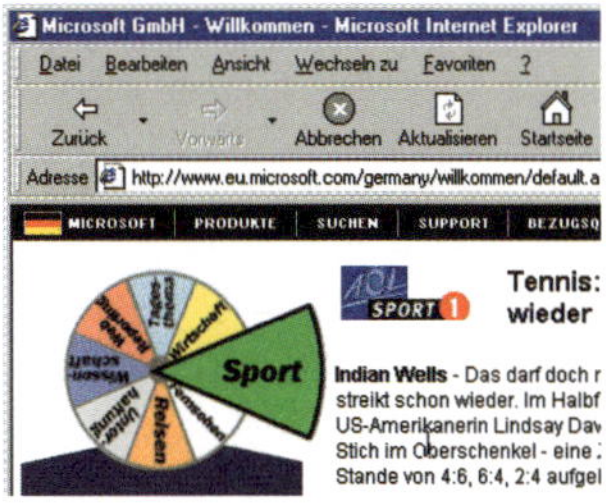

4 Im World Wide Web haben Sie Zugriff auf mehrere Millionen Seiten. Um die Seite eines bestimmten Anbieters darzustellen, müssen Sie dessen **Internet-Adresse** kennen. Klicken Sie in der Symbolleiste des Internet Explorers auf das Eingabefeld

rechts neben 

,

und tippen Sie die gewünschte Internet-Adresse ein, zum Beispiel

.

Drücken Sie anschließend die ↵-Taste.

Statt dessen können Sie auch auf das Menü

und auf den Menübefehl

klicken. Geben Sie in das nachfolgende Dialogfenster

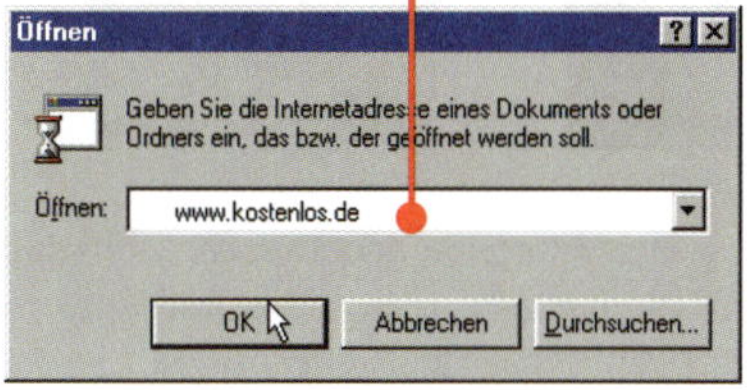

die gewünschte Internet-Adresse ein, und klicken Sie auf die Schaltfläche

.

Hilfreich: Kataloge mit Internet-Adressen

Falls Sie derzeit gerade keine Adresse parat haben: Im Internet gibt es zahlreiche Kataloge, in denen – ähnlich einem Telefon- oder Branchenbuch – alle wichtigen, interessanten oder auch witzigen Seiten verzeichnet sind. Die wichtigsten deutschen Kataloge finden Sie, wenn Sie die Internet-Adresse www.yahoo.de oder www.web.de eingeben.

5 Der Internet Explorer sorgt daraufhin für eine Verbindung zur jeweiligen Internet-Seite und stellt sie im Internet-Explorer-Fenster dar. Das kann allerdings einige Minuten dauern, da der Computer, auf dem sich die Seiten befinden, mitunter am anderen Ende der Welt steht.

6 Das Internet arbeitet mit **Verknüpfungen**. Alle Internet-Seiten sind dynamisch miteinander verbunden, so daß Sie bequem von einer Seite zur anderen springen können. Auf jeder Internet-Seite finden Sie Verknüpfungen - auch **Hyperlinks** genannt –, die zu anderen Seiten führen. In der Regel sind die Verknüpfungen blau und unterstrichen dargestellt.

Wenn Sie den Mauszeiger auf eine Verknüpfung bewegen (das kann auch eine Grafik sein), verwandelt er sich in eine Hand .

Um zur gewünschten Seite zu gelangen, klicken Sie mit der Maus einmal auf die Verknüpfung. Die neue Seite kann sich auf demselben Computer, aber auch auf einem PC am anderen Ende der Welt befinden.

Adressen ohne http://

Im Internet beginnt jede Seite grundsätzlich mit dem Kürzel http:// (**H**yper**T**ext **T**ransfer **P**rotocol). Im Internet Explorer brauchen Sie die Bezeichnung http:// jedoch nicht ausdrücklich anzugeben, da er die Eingabe auch ohne das Buchstabenkürzel versteht. Es bleibt also Ihnen überlassen, ob Sie http://www.kostenlos.de oder einfach nur www.kostenlos.de eintragen.

7 Sobald Sie eine Seite besucht haben und sich diese Seite später erneut ansehen möchten, brauchen Sie mit der

Suche nicht noch einmal von vorne zu beginnen. Statt dessen blättern Sie einfach wie in einem Buch durch die bereits besuchten Seiten. Mit Hilfe der ersten beiden Schaltflächen können Sie jederzeit zwischen den Seiten, die Sie schon besucht haben, vor- und zurückblättern.

Um wieder zur davor angezeigten Seite zurückzukehren, klicken Sie auf die Schaltfläche

.

Sie können aber auch per Mausklick das

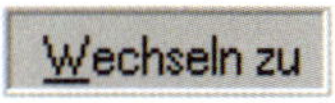

-Menü öffnen und auf den Menübefehl

klicken. Wenn Sie eine Seite weiterblättern möchten (das geht nur, wenn Sie zuvor zurückgeblättert haben), klicken Sie auf

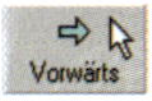

.

Ersatzweise haben Sie die Möglichkeit, auf den Menübefehl

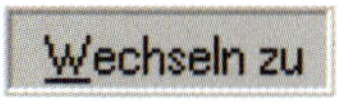

und anschließend auf

zu klicken.

8 Je länger Sie im World Wide Web „surfen", um so mehr Seiten werden Sie besuchen. Da kann das Zurückblättern zu einer ganz bestimmten Seiten recht mühsam werden. Um diesen Aufwand zu vermeiden, ist es möglich, eine Liste aller Seiten einzublenden, zu denen Sie vor- oder zurückblättern können. Klicken Sie hierzu auf den nach unten weisenden Pfeil rechts neben der Schaltfläche „Zurück"

Wählen Sie anschließend die gewünschte Seite per Mausklick aus.

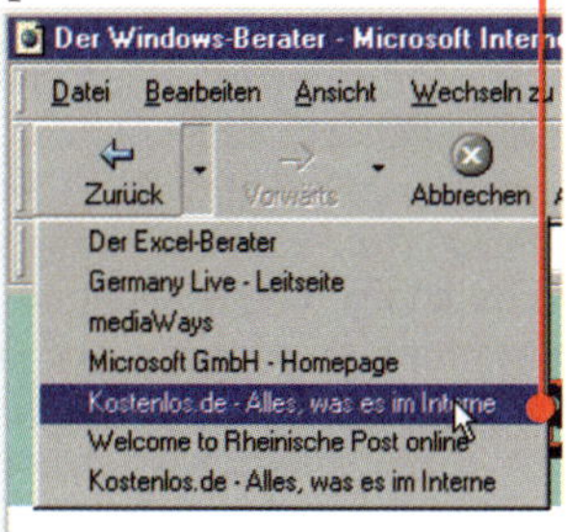

9 Der Internet Explorer merkt sich alle Seiten, die Sie während der aktuellen Sitzung bereits besucht haben.

Um einer Seite, die Sie schon kennen, einen weiteren Besuch abzustatten, öffnen Sie einfach das Listenfeld „Adresse" per Mausklick auf den nach unten gerichteten Pfeil.

Klicken Sie einfach auf den gewünschten Eintrag in der Liste, um direkt zur gewünschten Seite zu gelangen.

7 Festplatten und andere Datenträger verwalten

Damit die Daten beim Ausschalten des PCs nicht verlorengehen, befinden sich in jedem Computer zumindest eine Festplatte und ein Diskettenlaufwerk. Über das Symbol „Arbeitsplatz" können Sie bequem auf alle angeschlossenen Laufwerke zugreifen. Hierzu gehören zum Beispiel auch CD-ROM- und Wechselfestplattenlaufwerke wie ZIP-, JAZ- oder SuperDisk-Laufwerke. Und damit Sie in Windows die einzelnen Laufwerke auseinanderhalten können, haben die unterschiedlichen Laufwerkstypen ihr eigenes Symbol: Diskettenlaufwerke erkennen Sie am zusätzlichen Diskettensymbol, CD-ROM-Laufwerke sind mit einer schillernden Scheibe geschmückt.

Diskettenlaufwerke spielen unter Windows 98 eine besondere Rolle: Im Gegensatz zu Festplatten, die - wie der Name sagt - fest in den Computer eingebaut sind, können Sie im Diskettenlaufwerk die Disketten beliebig wechseln. Häufig sind neue Disketten zunächst jedoch unformatiert, also unbehandelt. Damit Windows darauf überhaupt Daten speichern kann, müssen Sie sie zunächst formatieren. Bei diesem Vorgang teilt Windows die Diskette nach einem bestimmten Verfahren in Spuren und Sektoren ein. Auf diese Weise können Sie übrigens auch Festplatten formatieren - das geht in Windows sogar genauso einfach wie mit Disketten -, doch davon sei strikt abgeraten! Denn auf Festplatten befinden sich meist zahllose wichtige Daten, die durch das Formatieren verlorengehen. Überlassen Sie das Formatieren von Festplatten daher lieber fortgeschrittenen Anwendern.

Apropos Festplatten: Hier schleichen sich oftmals physikalische Fehler ein, die zwar nicht weiter tragisch sind, das System aber unnötig verlangsamen. In einem solchen Fall greift Ihnen Windows unter die Arme und stellt Werkzeuge zur Verfügung, die zum einen die Festplatte auf Fehler untersuchen und zum anderen die Struktur der Festplatte optimieren.

Kapitel-Wegweiser

Auf Laufwerke zugreifen

Nahezu jeder Computer ist mit einem Disketten- und einem Festplattenlaufwerk ausgestattet. Mitunter kommen weitere Laufwerke wie CD-ROM-Laufwerke oder zusätzliche Festplatten hinzu. Sie können jederzeit auf Ihre Festplatten und andere Laufwerke zugreifen und den Inhalt der Datenträger anzeigen.

1 Klicken sie doppelt auf der Arbeitsoberfläche von Windows auf das Symbol 

.

2 Windows blendet anschließend das Fenster 

ein. Von hier aus können Sie auf alle Laufwerke Ihres Computers zugreifen.

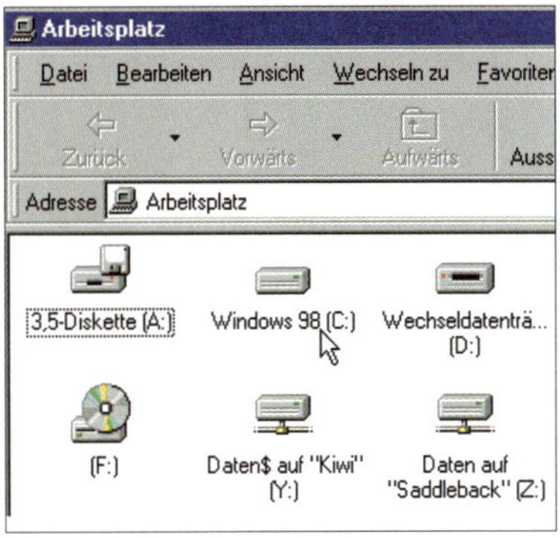

3 Welche Laufwerke auf Ihrem Computer verfügbar sind, erkennen Sie anhand der Symbole im Fenster 

.

Somit können Sie auf einen Blick Diskettenlaufwerke (), Festplatten (), CD-ROM-Laufwerke () und Wechsellaufwerke (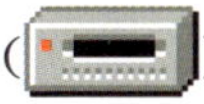) voneinander unterscheiden. Unterhalb der Symbole gibt Windows die Laufwerksbezeichnung sowie den Laufwerksbuchstaben an.

4 Um den Inhalt eines Laufwerks sichtbar zu machen, klicken Sie das entsprechende Symbol doppelt an. Statt dessen können Sie es mit der rechten(!) Maustaste anklicken und den Befehl

wählen. Windows zeigt Ihnen im nächsten Fenster, welche Ordner und Dateien sich auf dem Laufwerk befinden.

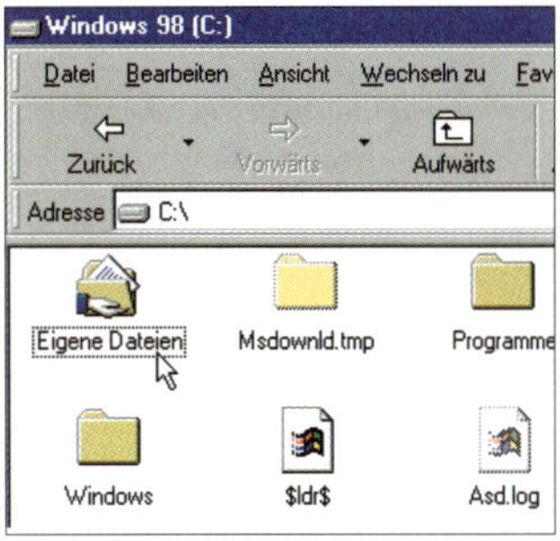

5 Fast jedes Laufwerk ist in weitere Ordner und Unterordner unterteilt, die Sie anhand des Ordnersymbols

erkennen. Sie können einen weiteren Ordner öffnen, indem Sie ihn ebenfalls doppelt anklicken. Falls im nächsten Ordner weitere Ordner enthalten sein sollten, können Sie diesen Schritt wiederholen, um sich nach und nach durch die Ordnerhierarchie der Festplatte zu hangeln.

6 Keine Sorge: Auch wenn Sie noch so weit in die Ordnerhierarchie der Festplatte „hinabgestiegen" sind, können Sie jederzeit wieder zurück zur Laufwerksübersicht gelangen. Um zum vorangegangenen Fenster zurückzukehren, klicken Sie in der Symbolleiste auf das Symbol

Wenn Sie auf den nach unten gerichteten Pfeil direkt rechts neben der Schaltfläche klicken, erscheint eine kleine Auswahlliste. Hier können Sie genau bestimmen, bis zu welchem Ordner Sie zurückspringen möchten. Wählen Sie den gewünschten Ordner per Mausklick aus.

Disketten formatieren

Wenn Sie Disketten kaufen, stehen Sie manchmal vor einem Problem: Bevor Sie eine Diskette nutzen können, müssen Sie sie in den meisten Fällen zunächst **formatieren**, also auf die Zusammenarbeit mit Windows vorbereiten.

1 Um eine Diskette zu formatieren, öffnen Sie das Fenster

, indem Sie auf der Arbeitsoberfläche von Windows doppelt auf folgendes Symbol klicken:

2 Legen Sie die unformatierte Diskette in das Diskettenlaufwerk Ihres Computers. Markieren Sie anschließend im Fenster

per Mausklick das Laufwerkssymbol

. Danach rufen Sie den Menübefehl

auf, oder Sie klicken das Symbol mit der rechten(!) Maustaste an und wählen den

-Befehl.

3 Im nächsten Fenster bestimmen Sie die gewünschte Speicherkapazität.

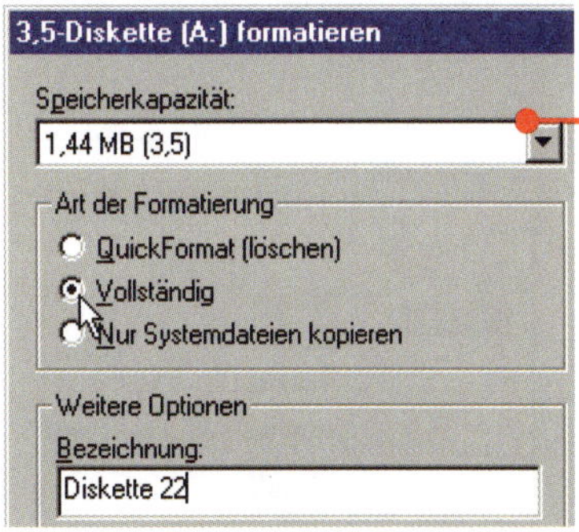

Bei handelsüblichen 3,5-Zoll-Disketten wählen Sie aus der Liste

Speicherkapazität:

den Eintrag 1,44 MB (3,5).

Legen Sie im unteren Feld

Art der Formatierung

die Formatiermethode fest. Die Option

QuickFormat (löschen)

können Sie wählen, wenn die Diskette bereits formatiert war und Sie sie lediglich löschen möchten. Sofern die Diskette bislang jedoch unformatiert war, wählen Sie die Option Vollständig.

Wenn Sie sich nicht sicher sind, klicken Sie ebenfalls auf die Option

Vollständig.

Anschließend tragen Sie in das Eingabefeld

Bezeichnung:

einen bis zu elf Zeichen langen Namen ein.

4 Klicken Sie auf die Schaltfläche

Starten,

um mit dem Formatieren zu beginnen. Windows formatiert die Diskette nun entsprechend Ihren Vorgaben. Am unteren Rand des Fensters erkennen Sie, wie weit der Formatiervorgang bereits fortgeschritten ist.

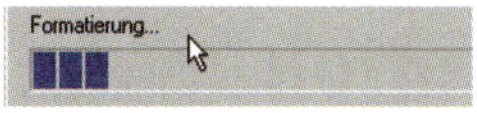

5 Zum Abschluß der Formatierung blendet Windows noch einmal ein Fenster ein.

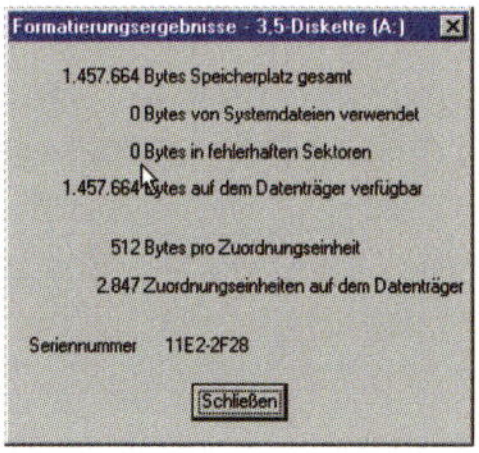

Hier erhalten Sie Informationen über den verfügbaren Speicherplatz sowie die Anzahl der sogenannten Zuordnungseinheiten und fehlerhaften **Sektoren**. Achten Sie darauf, daß in der dritten Zeile auf jeden Fall

0 Bytes in fehlerhaften Sektoren

steht. Nur dann ist gewährleistet, daß die Diskette tatsächlich fehlerfrei ist. Falls es bei der Formatierung Probleme gab, sollten Sie die Diskette nicht verwenden und statt dessen eine neue Diskette formatieren. Klicken Sie auf die Schaltfläche

Schließen,

um das Fenster zu schließen.

6 Jetzt können Sie eine weitere Diskette formatieren oder das Dialogfenster per Mausklick auf die Schaltfläche

Schließen

wieder verlassen.

Disketten kopieren

Sicherheit ist Trumpf. Von wichtigen Programm- oder Datendisketten sollten Sie stets Sicherheitskopien anlegen. Bei einem eventuellen Fehler auf den Originaldisketten können Sie dann immer noch auf die Kopien zurückgreifen.

1 Um eine Diskette zu kopieren, klicken Sie auf der Arbeitsoberfläche von Windows zunächst doppelt auf das Symbol

.

2 Klicken Sie anschließend mit der rechten(!) Maustaste auf das Symbol des Diskettenlaufwerks

,

und wählen Sie aus dem nachfolgend erscheinenden Menü den Befehl

Diskette kopieren... .

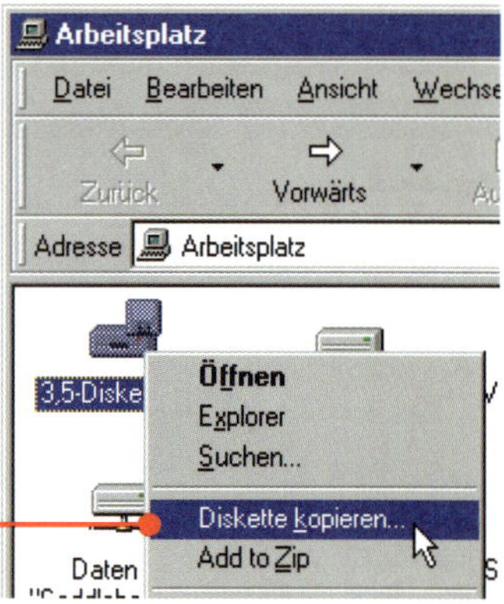

3 Im nachfolgenden Dialogfenster können Sie sowohl das Quellaufwerk als auch das Ziellaufwerk bestimmen.

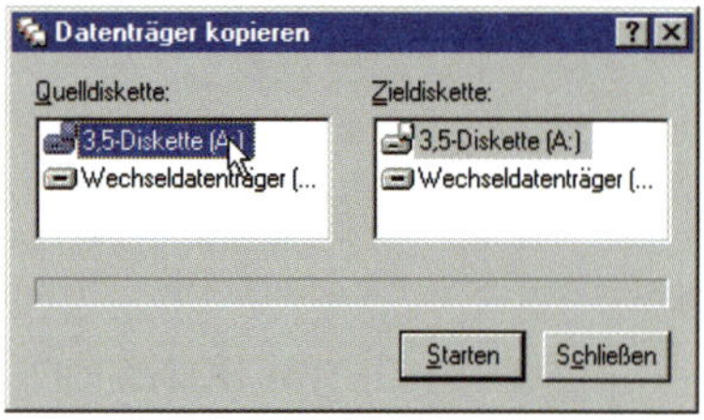

Klicken Sie in beiden Fensterhälften auf den Eintrag

3,5-Diskette (A:) .

Legen Sie die Originaldiskette, von der Sie eine Kopie anlegen möchten, in das Diskettenlaufwerk, und starten Sie den Kopiervorgang mit einem Mausklick auf die Schaltfläche Starten .

4 Nachdem Windows den Inhalt der Originaldiskette eingelesen hat, erscheint die Aufforderung, die Zieldiskette einzulegen. Nehmen Sie die Originaldiskette aus dem Diskettenlaufwerk, und ersetzen Sie sie durch eine leere, formatierte Diskette. Bestätigen Sie den Diskettenwechsel mit einem Mausklick auf die Schaltfläche OK.

Sobald der Kopiervorgang abgeschlossen ist, erscheint im Fenster Datenträger kopieren die Meldung Kopieren erfolgreich beendet.

Festplatten auf Fehler überprüfen

Leider sind Festplatten nicht unfehlbar. Auch wenn die meisten Festplatten immer zuverlässiger arbeiten, so kann es durch Materialverschleiß oder externe Einflüsse jederzeit passieren, daß Teile des Datenträgers weniger zuverlässig arbeiten als andere. Die mögliche Folge: Datenverlust. Davor können Sie sich schützen, indem Sie Ihre Festplatte regelmäßig auf Fehler überprüfen.

1 Klicken Sie auf die Schaltfläche Start, und wählen Sie aus dem Untermenü Programme den Menüpunkt Zubehör.

Im nachfolgenden Untermenü zeigen Sie auf Systemprogramme und klicken auf ScanDisk.

2 Im nächsten Fenster klicken Sie in der Liste Zu prüfende(s) Laufwerk(e): auf das gewünschte Festplattenlaufwerk.

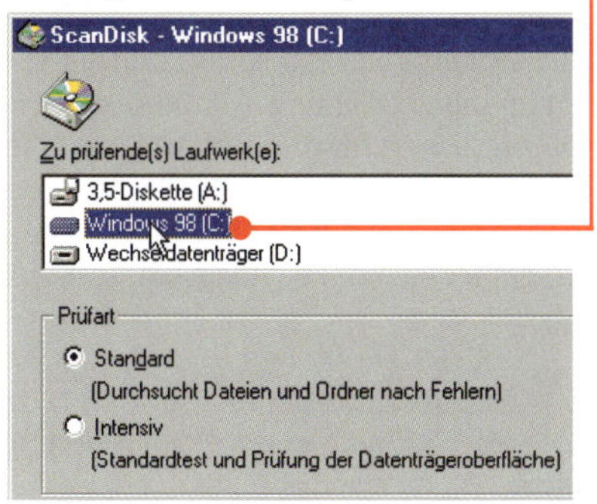

Für regelmäßige Überprüfungen genügt im Feld Prüfart die Option Standard.

Sie können aber auch die Option Intensiv aktivieren, bei der außerdem eine Oberflächenanalyse durchgeführt wird, die allerdings wesentlich mehr Zeit in Anspruch nimmt. Damit Windows Fehler selbständig berichtigt, sollten Sie das Kontrollkästchen Fehler automatisch korrigieren ankreuzen.

3 Klicken Sie auf die Schaltfläche

Starten,

um mit der Analyse zu beginnen. Im unteren Teil des Dialogfensters erkennen Sie, wie weit der Prüfvorgang bereits fortgeschritten ist.

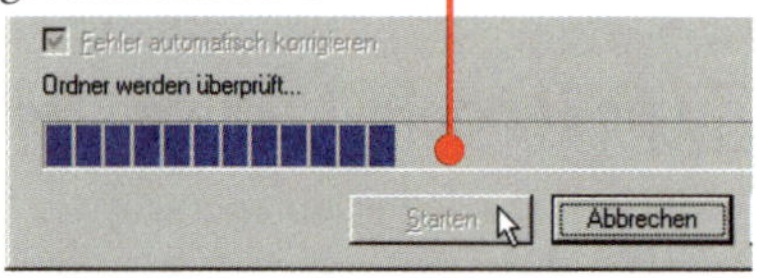

Bei sehr großen Festplatten kann der Vorgang schon mehrere Minuten dauern. Wenn Sie sich für die Option

Intensiv

entschieden haben, sogar bis zu einer Stunde.

4 Zum Abschluß der Überprüfung blendet Windows einen Analysebericht ein.

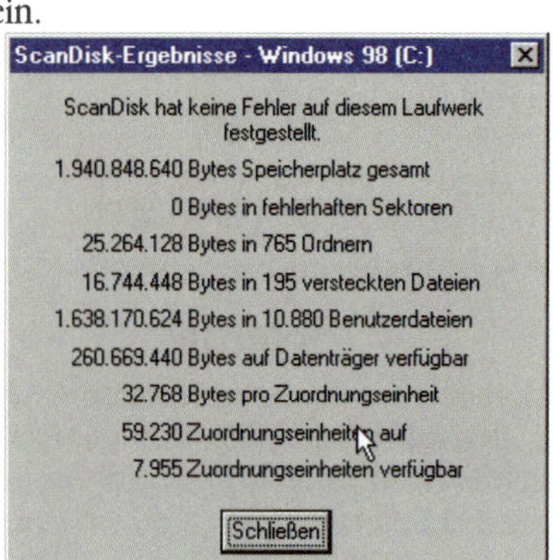

Klicken Sie auf Schließen,

um das Berichtsfenster wieder zu schließen.

Festplatten aufräumen

Die Dateien auf der Festplatte sind nicht immer hintereinander angeordnet, sondern zerstückelt und auf der gesamten Platte verstreut. Man spricht in diesem Zusammenhang von „**fragmentierten** Dateien“. Um die Geschwindigkeit der Festplatte zu erhöhen, sollten Sie die Festplatte regelmäßig **defragmentieren**, also die zerstückelten Dateifragmente wieder zusammenfügen.

1 Wählen Sie im Start-Menü die Befehle

Programme

und Zubehör,

und rufen Sie im nachfolgenden Untermenü den Befehl

Systemprogramme

und Defragmentierung

auf.

2 Markieren Sie in der Liste des nächsten Dialogfensters das zu optimierende Laufwerk, beispielsweise

Laufwerk C.

Bestätigen Sie die Auswahl per Mausklick auf die Schaltfläche

OK.

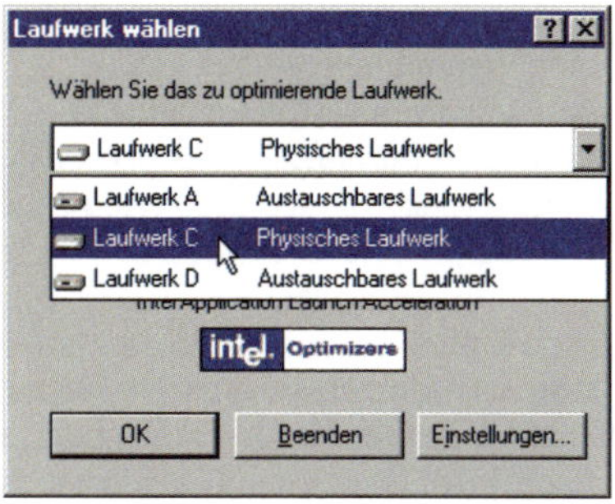

3 Windows beginnt anschließend mit der Optimierung der Festplatte. Dabei sucht Windows auf der Festplatte nach verstreut gespeicherten Dateien und ordnet die Dateifragmente wieder hintereinander an. Im Dialogfenster können Sie den Fortschritt der Optimierung verfolgen.

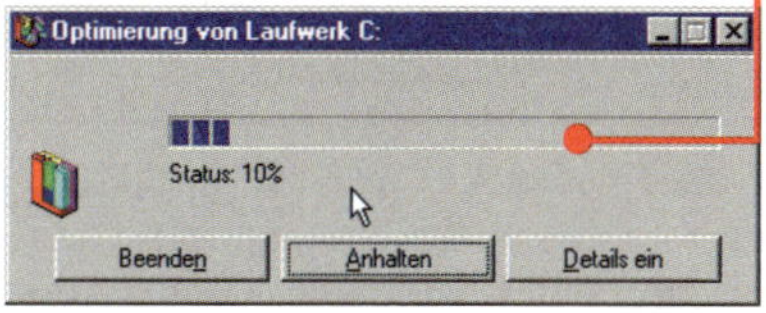

4 Wenn Sie dem „Defragmentierer" auf die Finger schauen möchten, klicken Sie auf die Schaltfläche

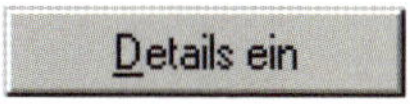

.

Im nachfolgenden Fenster erkennen Sie, in welchem Bereich der Festplatte das Programm gerade tätig ist. Um herauszufinden, welche Bedeutung die einzelnen Kästchen haben, klicken Sie auf die Schaltfläche

.

Windows blendet daraufhin eine kleine Legende ein.

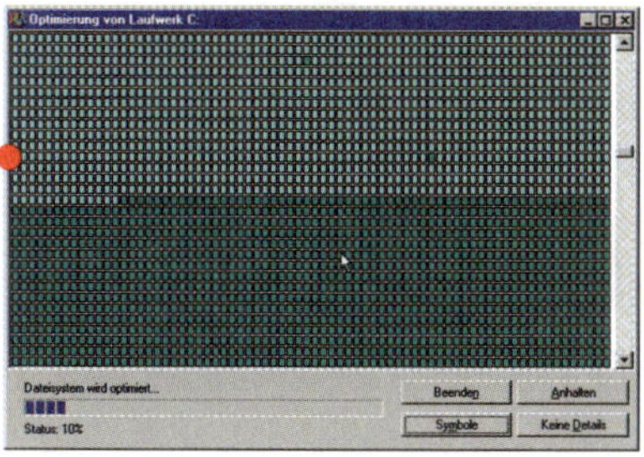

Automatisches Windows-Tuning

Damit das Betriebssystem „rund" läuft, verfügt Windows über einige Zusatzprogramme, die die Festplatte auf Fehler überprüfen, fragmentierte Dateien wieder zusammenfügen (siehe vorangegangene Seiten) oder Dateien auf der Festplatte so anordnen, daß der Programmstart zügiger über die Bühne geht. Diese drei Werkzeuge müssen Sie jedoch nicht manuell starten, denn Windows hat einen Wartungs-Assistenten an Bord, der alle drei Hilfsprogramme unter einem Dach vereint.

1 Um das komplette System optimal zu konfigurieren, verfügt Windows über einen Wartungs-Assistenten. Klicken Sie auf die Schaltfläche

und anschließend auf die Befehle

,

,

und 

.

2 Windows startet daraufhin den Wartungs-Assistenten.

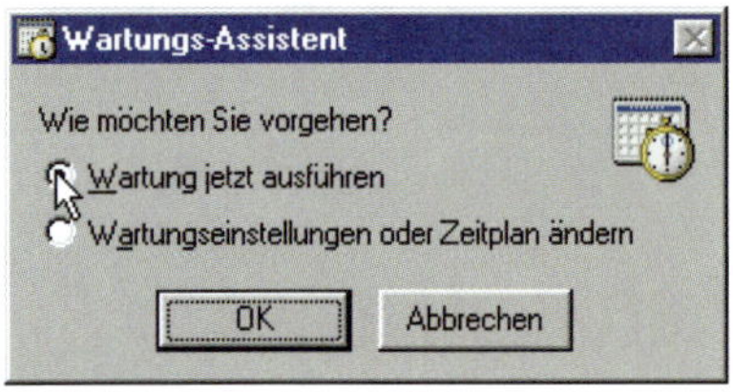

Wählen Sie im ersten Fenster des Assistenten die Option

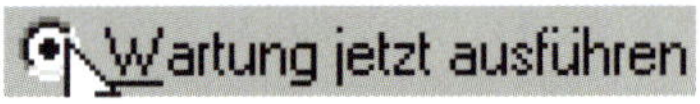

,

und klicken Sie auf die Schaltfläche

.

3 Nun startet Windows der Reihe nach die wichtigsten Systemprogramme zur Optimierung des Betriebssystems. Im einzelnen übernimmt der Assistent - ohne Ihr Zutun - folgende Aufgaben:

- Entfernen überflüssiger Dateien (Datenträgerbereinigung)
- Behebung von Festplattenfehlern
- Defragmentierung aller Festplatten
- Optimierung von komprimierten Laufwerken

4 Im Statusfenster des Wartungs-Assistenten können Sie genau verfolgen, welche Aufgaben der Assistent bereits erfolgreich erledigt hat und welche noch anstehen.

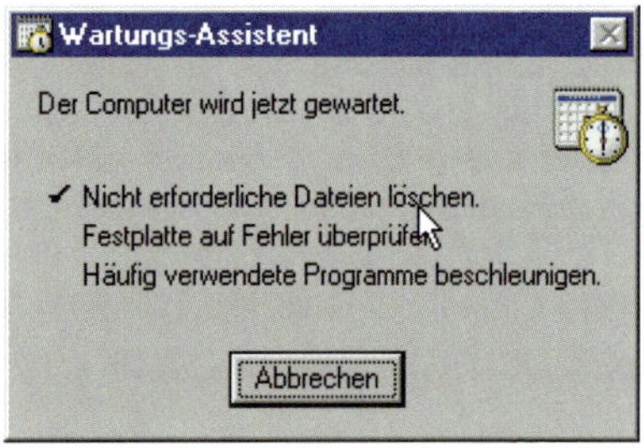

Wenn Sie über sehr große Festplatten verfügen, müssen Sie allerdings ein wenig Geduld mitbringen. Die Optimierung kann dann schon mal über eine Stunde dauern. Danach ist Ihr System aber wieder topfit für den täglichen Einsatz.

8 Windows 98 konfigurieren

Auch wenn Windows schon eine Augenweide ist: Es geht sogar noch schöner. Dank der mächtigen Systemsteuerung können Sie sich im Handumdrehen Ihre eigene Oberfläche basteln. Soll die Arbeitsoberfläche beispielsweise kunterbunt oder eher grau in grau gestaltet sein? Bevorzugen Sie kleine Schriftarten, die wenig Platz brauchen, oder benötigen Sie besonders große Schriften, um die Lesbarkeit zu fördern? Und wie ist es mit Systemklängen? Wie wäre es mit einer Fanfare zur Begrüßung und einem „Plop" beim Schließen eines Fensters? Damit die Arbeit mit Windows noch mehr Spaß macht, können Sie bei nahezu jeder Windows-Aktion einen dazu passenden Klang ertönen lassen. Windows bietet hierzu bereits vordefinierte Klangmuster, etwa Tiergeräusche oder Musikinstrumente, an. Wie auch immer Sie sich entscheiden: Windows richtet sich ganz nach Ihren Wünschen.

Kapitel-Wegweiser

Die Bildschirmanzeige konfigurieren

Üblicherweise arbeitet Windows mit einer Bildschirmauflösung von 640 mal 480 Punkten und verfügt über einen grünen Hintergrund - das muß nicht immer so sein. Den Windows-Hintergrund sowie andere Layout-Einstellungen können Sie beliebig ändern.

1 Wählen Sie aus dem

-Menü den Befehl

, und klicken Sie auf

. Im nun erscheinenden Fenster klicken Sie doppelt auf das Symbol

.

2 Im ersten Register des nachfolgenden Dialogfensters können Sie Ihren Windows-Hintergrund mit einem Bild verschönern. Klicken Sie hierzu im unteren Teil des Fensters auf das gewünschte Hintergrundmotiv, zum Beispiel auf

.

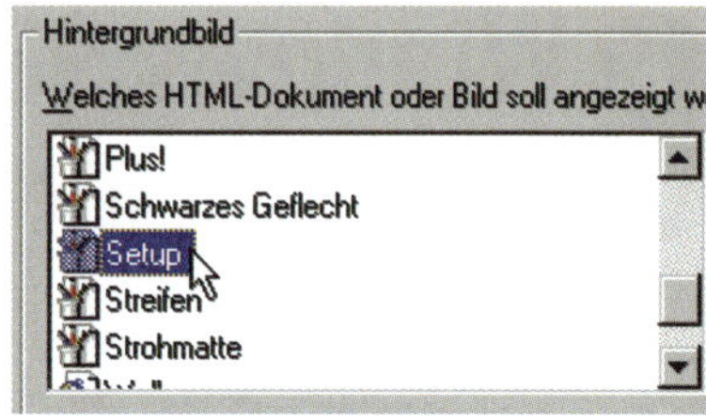

Der Monitor im oberen Bereich des Dialogfensters zeigt Ihnen die Auswirkungen der Einstellungen.

3 Bestimmen Sie im Listenfeld

, ob Windows das Bild zentriert in der Monitormitte darstellen oder mehrere gleiche Bilder nebeneinander plazieren soll, um den Bildschirm zu füllen. Wenn Sie sich für die Option

entscheiden, paßt Windows das Bild genau an die Größe des Bildschirms an.

4 Danach wechseln Sie in das Register

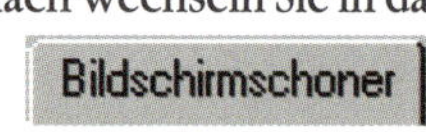

. Aus dem Listenfeld „Bildschirmschoner“

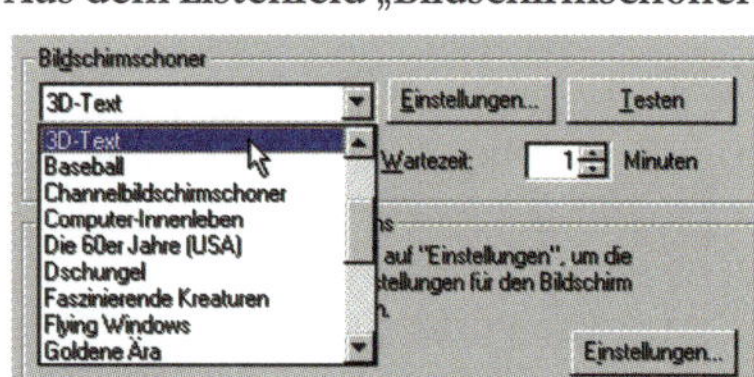

können Sie jetzt - sofern gewünscht - einen **Bildschirmschoner** aussuchen, beispielsweise

3D-Text .

Ein Mausklick auf

Testen

zeigt den Schoner im Einsatz. Geben Sie im Feld Wartezeit:

an, nach wieviel Minuten der Bildschirmschoner aktiv werden soll. Einige Schoner können Sie mittels der Schaltfläche

Einstellungen...

weiter konfigurieren und beispielsweise noch Text für den 3D-Text-Bildschirmschoner eingeben.

5 Das Layout des Bildschirms verändern Sie im Register „Darstellung“:

Klicken Sie im oberen Teil des Dialogfensters im Vorschaufeld auf das Windows-Element, das Sie verändern möchten, oder wählen Sie es aus der Liste

Bildelement:

aus, etwa Fenster .

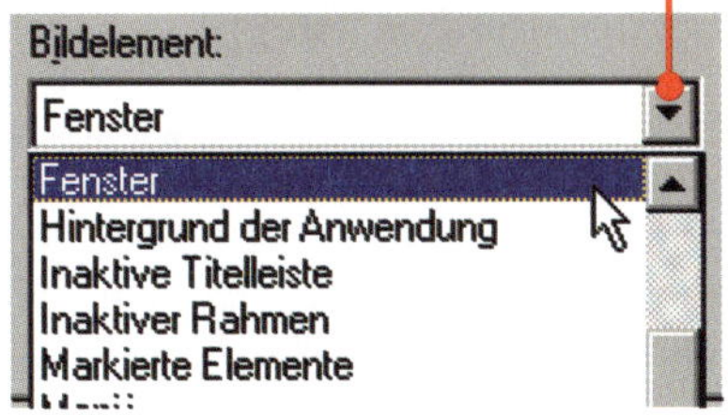

Anschließend suchen Sie aus dem Feld

Farbe:

eine neue Farbe für das Element aus. Bei einigen Elementen läßt sich auch noch die Größe:

verändern. Falls es sich beim aktuellen Bildelement um einen Text, zum Beispiel den Fenstertitel, handelt, können Sie zudem die Schriftart, Schriftgröße und Schriftfarbe bestimmen sowie die Schriftmerkmale Fett (F)

oder Kursiv (K)

aktivieren.

6 Sämtliche Einstellungen, die sich auf den Bildschirmtreiber beziehen, befinden sich im Register

Einstellungen .

Im Feld Farben

wählen Sie die Anzahl der darstellbaren

Farben aus, während Sie mit dem Schieberegler im Feld

Bildschirmbereich

die Bildschirmauflösung verändern. Verschieben Sie den Regler hierzu mit gedrückter Maustaste. Dabei gilt: Je höher Sie die Auflösung wählen, um so mehr Platz haben Sie später auf dem Windows-Bildschirm. Allerdings sollten Sie die Auflösung auch nicht zu hoch wählen. Bei 17-Zoll-Monitoren empfiehlt sich beispielsweise eine Auflösung von 1024 mal 768 Pixel.

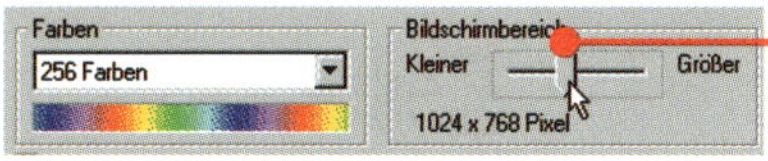

7 Um alle Einstellungen zu speichern und umzusetzen, klicken Sie auf die Schaltfläche

OK.

Wenn Sie sich für eine andere Farbtiefe entschieden haben, blendet Windows eine Kompatibilitätswarnung ein

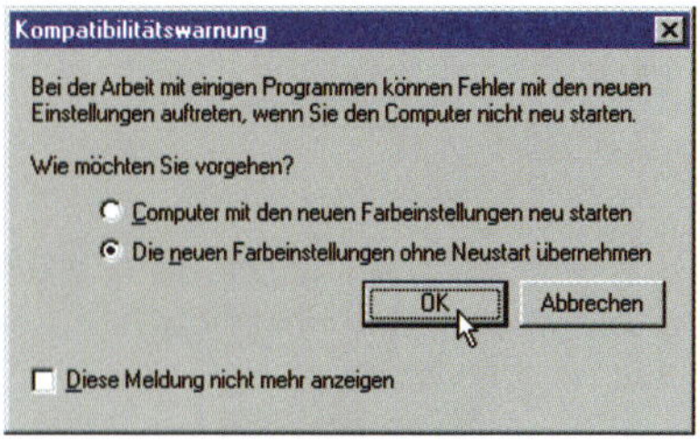

die Sie jedoch ebenfalls mit

OK

entkräften können.

Datum und Uhrzeit einstellen

Das Datum und die Uhrzeit spielen in Windows eine große Rolle. Das Betriebssystem versieht jede neu erstellte Datei mit einem Zeitstempel, damit Sie stets wissen, wann sie erstellt wurde. Datum und Uhrzeit müssen dafür natürlich stimmen. Sollte die innere Uhr vor- oder nachgehen, können Sie sie jederzeit korrigieren.

1 Starten Sie die Systemsteuerung, indem Sie auf die Schaltfläche

Start

klicken, und rufen Sie die Befehle

Einstellungen

und Systemsteuerung

auf. Klicken Sie anschließend doppelt auf das Symbol

Datum/Uhrzeit.

2 Windows öffnet daraufhin das Dialogfenster

Eigenschaften von Datum/Uhrzeit.

Um das Datum einzustellen, öffnen Sie per Mausklick das Listenfeld für den Monat Oktober

und wählen den aktuellen Monat aus. Klicken Sie rechts daneben in das Eingabefeld für die Jahreszahl

, und geben Sie das aktuelle Jahr ein. Jetzt brauchen Sie im darunterliegenden Kalenderblatt nur noch auf den heutigen Tag zu klicken.

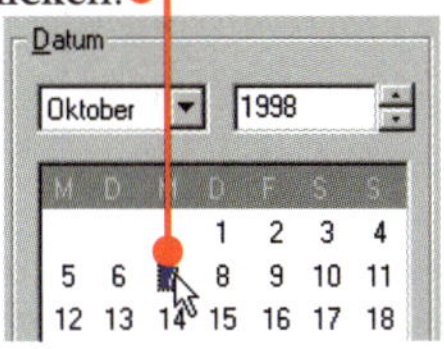

3 Um die Uhr zu stellen, klicken Sie im rechten Teil des Dialogfensters in das Feld für die Uhrzeit

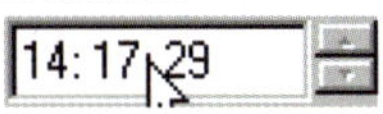

. Hier können Sie Stunden, Minuten und Sekunden separat einstellen, indem Sie das jeweilige Zeitelement anklicken und über die Pfeilschaltflächen

den Wert nach oben oder unten korrigieren.

4 Danach klicken Sie auf das Register

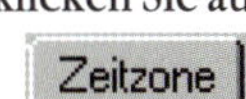

. Wenn Sie eine andere Zeitzone wählen möchten, öffnen Sie per Mausklick das Listenfeld und markieren die gewünschte Zeitzone.

Kreuzen Sie im unteren Bereich des Dialogfensters noch das Kontrollkästchen an

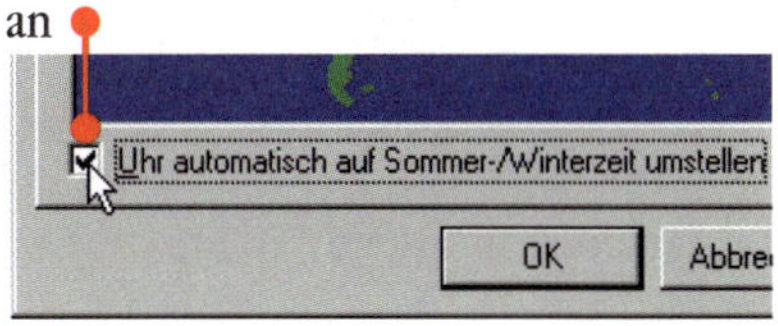

damit Sie die Uhr bei der Umstellung auf die Sommerzeit nicht manuell vorstellen müssen.

5 Schließen Sie das Dialogfenster mit

.

Systemeinstellungen

Nicht alle Computer sind gleich aufgebaut; nahezu jeder PC verfügt über völlig unterschiedliche Hardware-Austattungen. Welche Komponenten Windows erkannt hat und ob es mit dem einen oder anderen Gerät Probleme gibt, erfahren Sie im Geräte-Manager von Windows 98. Hier können Sie einen Einblick in die Hardware-Liste von Windows nehmen und gegebenenfalls einige Hardware-Optionen ändern. Zudem erhalten Sie Informationen über die Leistungsmerkmale Ihres Computers.

1 Rufen Sie im

-Menü den Befehl

auf. Klicken Sie anschließend im Fenster

der Systemsteuerung doppelt auf das Symbol.

.

2 Windows blendet daraufhin das Dialogfenster

ein. Im ersten Register

verrät Windows allgemeine Informationen über Windows 98 und Ihren Computer. Hier erfahren Sie beispielsweise, auf welchen Namen die Windows-Version registriert ist, welcher Prozessor in Ihrem PC werkelt und über wieviel Arbeitsspeicher Sie verfügen.

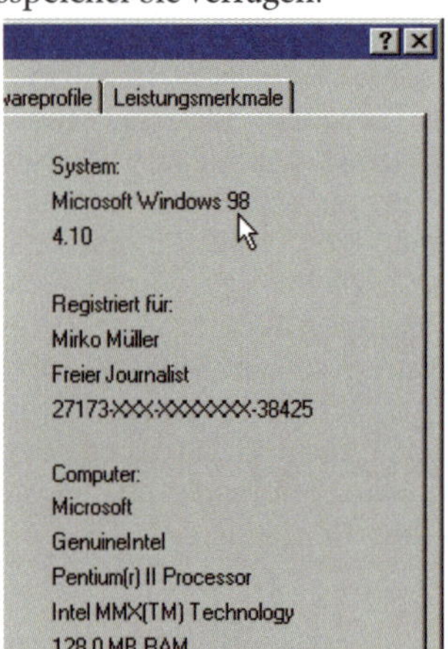

3 Danach wechseln Sie in das Register

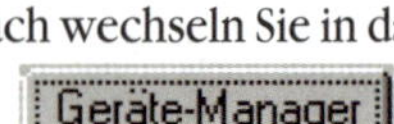

.

Hier erkennen Sie, aus welchen Komponenten Ihr PC besteht, sortiert nach verschiedenen Kategorien wie

oder

.

Mit einem Mausklick auf ein Pluszeichen

können Sie den Hierarchiebaum weiter aufspalten und die einzelnen Komponenten je Kategorie auflisten.

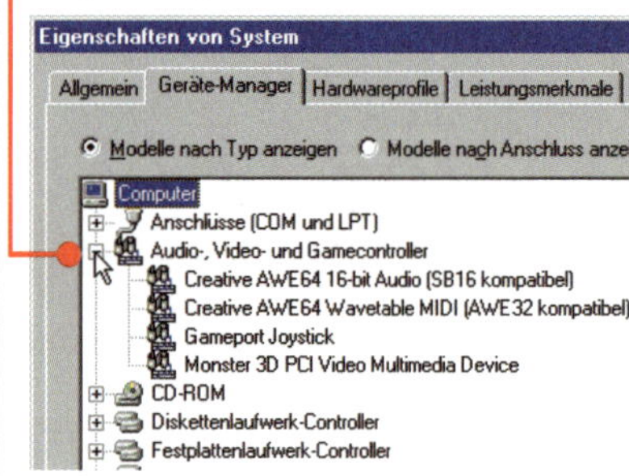

4 Auf Wunsch läßt sich die Hardware-Liste ausdrucken. Klicken Sie hierzu auf die Schaltfläche

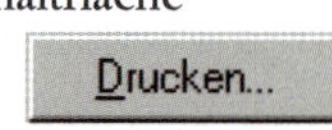

.

Wählen Sie im nachfolgenden Fenster

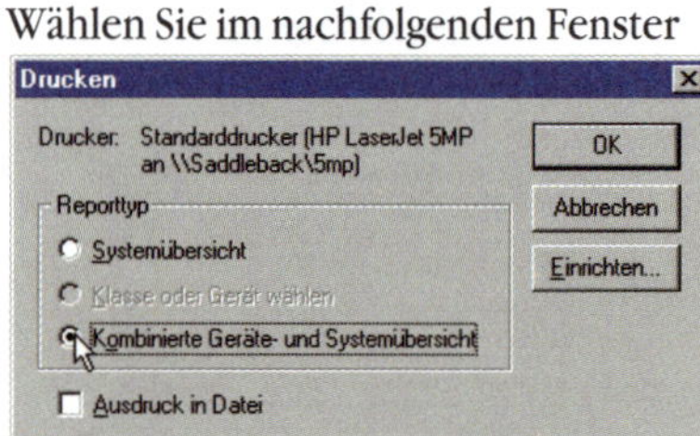

die Option Kombinierte Geräte- und Systemübersicht, und starten Sie den Druckvorgang mit OK.

5 Im Geräte-Manager können Sie zudem die aktuellen Einstellungen der markierten Hardware – zum Beispiel eines CD-ROM-Laufwerks – einsehen und gegebenenfalls ändern.

Öffnen Sie beispielsweise den Hierarchiebaum CD-ROM, und markieren Sie Ihr CD-ROM-Laufwerk, etwa PIONEER CD-ROM. Klicken Sie anschließend auf die Schaltfläche Eigenschaften.

6 Im nachfolgenden Dialogfenster wechseln Sie in das Register „Einstellungen“.

Je nach gewählter Hardware-Komponente können Sie hier verschiedene Einstellungen vornehmen. Beim CD-ROM-

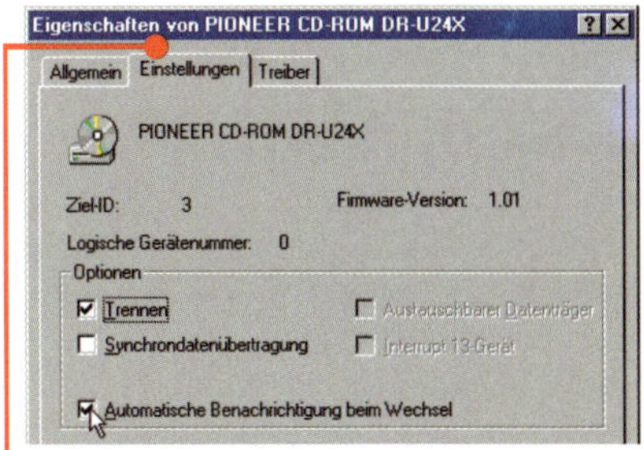

Laufwerk haben Sie beispielsweise die Möglichkeit, den Laufwerksbuchstaben für das Laufwerk festzulegen. Änderungen sollten Sie hier allerdings nur vornehmen, wenn Sie sich über die Folgen im klaren sind. Schließen Sie das Dialogfenster wieder mit OK.

7 Das Register Leistungsmerkmale gibt Ihnen nicht nur darüber Auskunft, wieviel Arbeitsspeicher und Systemressourcen noch verfügbar sind, sondern auch, mit welchem Dateisystem Windows derzeit arbeitet. Zudem ist die Art der Komprimierung sowie der installierten PC-Karten aufgeführt.

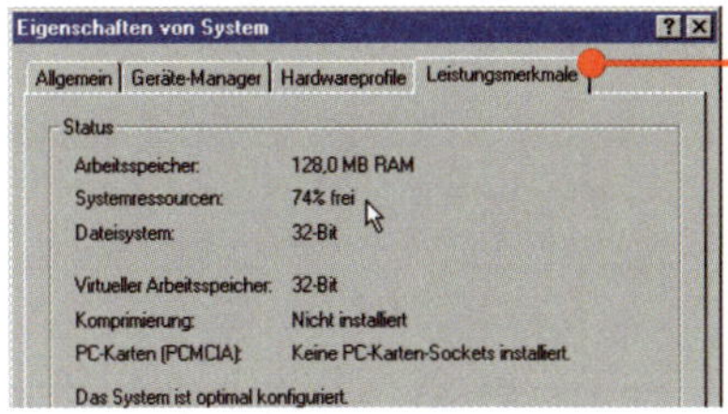

Beenden Sie die Systemeinstellungen mit einem Mausklick auf OK.

Mehr Spaß mit Desktop-Motiven

Der Windows-Bildschirm ist zwar nicht langweilig, ein wenig Abwechslung könnte jedoch nicht schaden. Die Desktop-Motive verwandeln die Windows-Oberfläche in wenigen Sekunden derart, daß Sie sie kaum wiedererkennen.

1 Bevor Sie die Desktop Motive einsetzen können, müssen Sie sie zunächst von der Windows-CD-ROM nachinstallieren. Öffnen Sie hierzu das Fenster der Systemsteuerung, indem Sie den Befehl

Start Einstellungen

Systemsteuerung

aufrufen. Klicken Sie anschließend doppelt auf das Symbol

Software.

2 Wechseln Sie im nachfolgenden Dialogfenster in das Register „Windows Setup“:

Kreuzen Sie das Kontrollkästchen

an, und schließen Sie das Dialogfenster wieder mit OK.

3 Anschließend installiert Windows die Dateien für die Desktop-Motive auf Ihre Festplatte. Legen Sie hierzu gegebenenfalls die Windows-CD-ROM in das CD-ROM-Laufwerk.

4 Nachdem die Desktop-Motive installiert wurden, öffnen Sie erneut das Fenster der Systemsteuerung. Klicken Sie hierzu auf die Schaltfläche

Start,

und rufen Sie die Befehle

Einstellungen

und Systemsteuerung

auf. Klicken Sie anschließend doppelt auf das Symbol

Desktop-Motive.

5 Im nun erscheinenden Dialogfenster

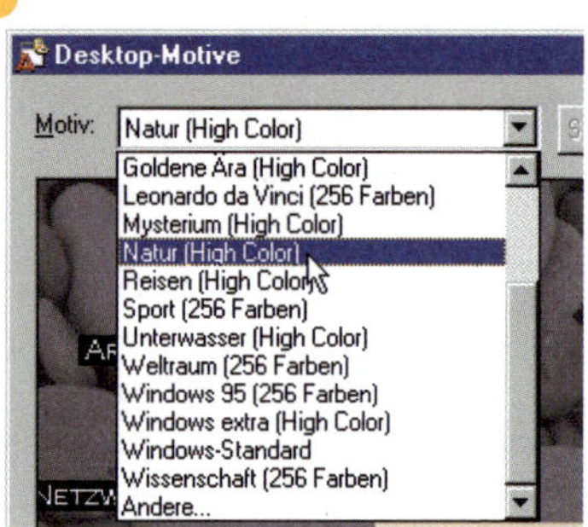

finden Sie in der Liste

Motiv:

bereits 17 vordefinierte Desktop-Konfigurationen. Öffnen Sie die Liste per Mausklick auf den nach unten gerichteten Pfeil

,

und klicken Sie auf eine der verfügbaren Konfigurationen, etwa

Natur (High Color).

6 Das Vorschaufenster zeigt Ihnen daraufhin, wie der Windows-Bildschirm mit der gewählten Einstellung aussehen würde. Beachten Sie, daß sich nicht nur der Windows-Hintergrund ändert, sondern unter Umständen auch die Schriftarten und Größe sowie das Aussehen der Desktop-Symbole. Beispielsweise wird aus dem Symbol „Arbeitsplatz“ plötzlich ein Tintenfisch oder Schmetterling, als „Netzwerkumgebung“ fungiert ein Vogelnest, und der „Papierkorb“ wird durch ein Lagerfeuer ersetzt.

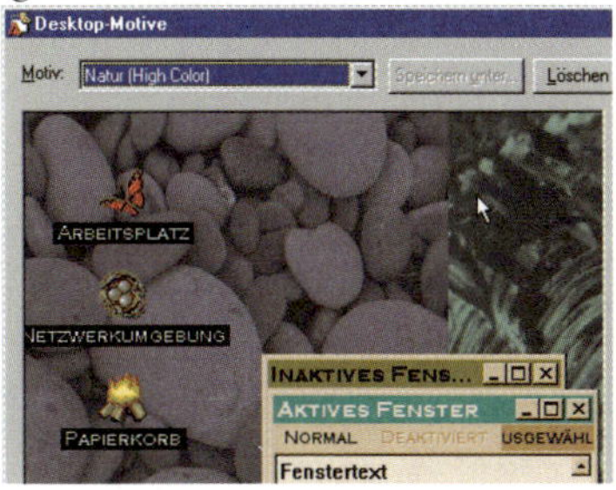

7 Mit Hilfe der Schaltflächen des Feldes Vorschau erhalten Sie auf Wunsch einen Vorgeschmack auf weitere Desktop-Einstellungen. Die Schaltfläche

Bildschirmschoner

zeigt den Bildschirmschoner der aktuell ausgewählten Konfiguration, während ein Mausklick auf die Schaltfläche

Zeiger, Signale usw...

Einblick in die verwendeten Mauszeiger, Geräusche und Desktop-Symbole gewährt.

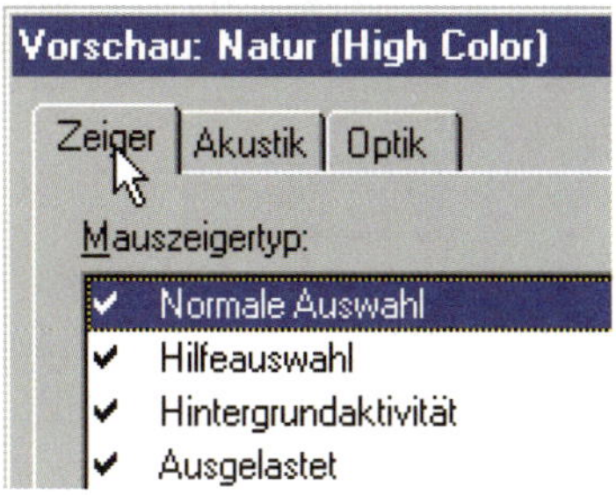

8 Bevor Sie die Desktop-Motive übernehmen, haben Sie die Möglichkeit, einige Elemente unverändert beizubehalten, zum Beispiel die Mauszeiger. Im Feld „Einstellungen“

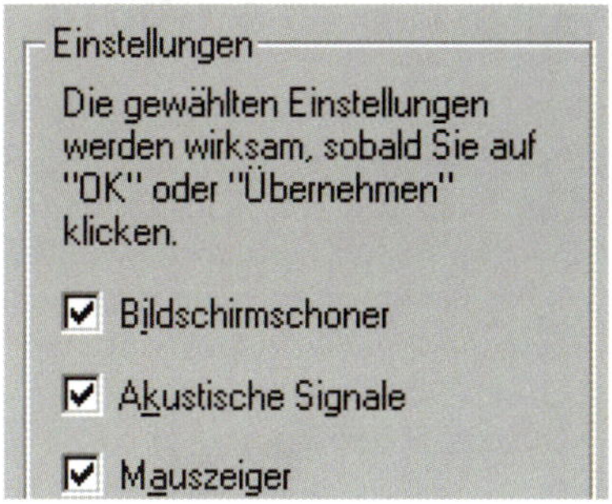

entscheiden Sie per Mausklick auf das entsprechende Kontrollkästchen, welche Einstellungen Sie verändern möchten und welche unverändert bleiben sollen. Dabei gilt: Nur bei den angekreuzten Elementen werden die Änderungen durchgeführt.

9 Schließen Sie das Dialogfenster mit

OK,

oder klicken Sie auf

Übernehmen,

um die neuen Einstellungen umzusetzen. Im Gegensatz zur

OK-

Schaltfläche bleibt das Dialogfenster bei einem Mausklick auf

Übernehmen

auch weiterhin geöffnet, so daß Sie problemlos zusätzliche Einstellungen vornehmen und ein wenig experimentieren können.

Akustische Signale

Mit Musik und Geräuschen macht die Arbeit mit Windows 98 noch mehr Spaß. Nahezu jedes Systemereignis können Sie mit einem Klang untermalen. Wie wäre es zum Beispiel mit Tiergeräuschen beim Öffnen und Schließen eines Fensters?

1 Öffnen Sie das Start-Menü, und wählen Sie den Befehl

Einstellungen Systemsteuerung.

Klicken Sie im Fenster der Systemsteuerung doppelt, also zweimal kurz hintereinander, auf das Symbol

Akustische Signale.

2 Im nachfolgenden Dialogfenster sind in der Liste

Ereignisse:

alle Systemereignisse aufgeführt, denen Sie Klänge zuordnen können. Markieren Sie ein Ereignis, und wählen Sie aus der Liste

Name:

einen Systemklang aus, etwa

Chimes.

Neben dem Listenfeld erscheint nun ein Lautsprecher-Symbol. Möchten Sie einen Eindruck von der Klangdatei haben, klikken Sie auf das Symbol

▶.

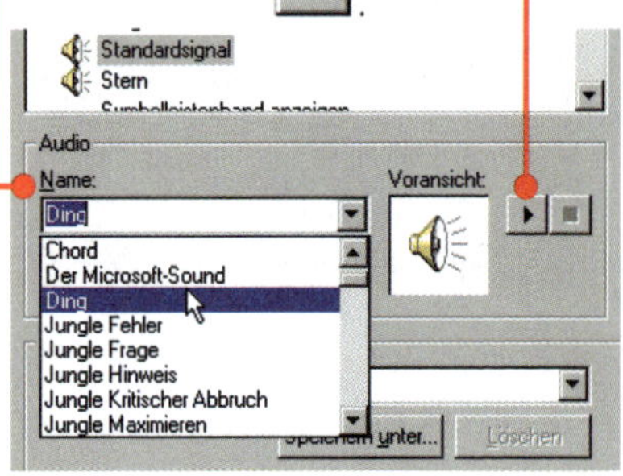

Wiederholen Sie den Schritt, bis Sie allen Ereignissen die gewünschte Klangdatei zugewiesen haben.

3 Um das Klangschema dauerhaft zu speichern, klicken Sie auf die Schaltfläche Speichern unter... .

Tippen Sie in das nächste Fenster den gewünschten Namen für Ihr persönliches Klangschema ein

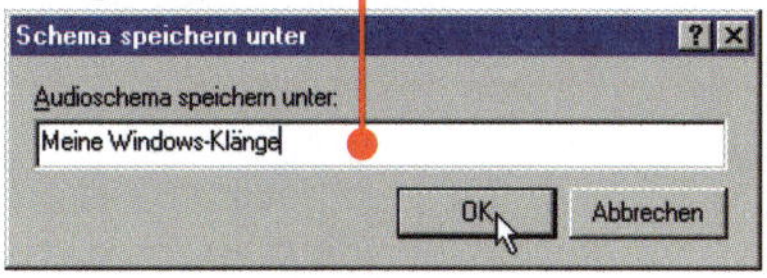

und bestätigen Sie die Eingabe mit OK .

4 Mit Hilfe des Listenfeldes „Schemas“

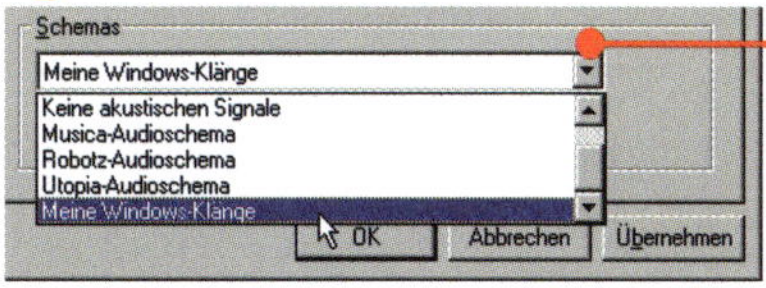

können Sie jederzeit die gespeicherten und vordefinierten Schemata wieder abrufen. Das Schema Windows-Standard stellt den Ursprungszustand wieder her.

5 Sobald das Klangschema Ihren Vorstellungen entspricht, schließen Sie das Dialogfenster mit OK .

Joysticks und Gamepads einrichten

Windows ist nicht nur zum Arbeiten da. Auch Spiele kommen hier nicht zu kurz. Und zu fast jedem Spiel gehört ein Joystick oder ein Gamepad. Bevor Sie jedoch ein Windows-Spiel starten, sollten Sie Ihren Joystick bei Windows anmelden und korrekt konfigurieren.

1 Öffnen Sie den Ordner der Systemsteuerung, indem Sie auf die Schaltfläche Start

und auf die Befehle Einstellungen

und Systemsteuerung

klicken.

2 Anschließend klicken Sie doppelt, also zweimal kurz hintereinander, auf das Symbol

Spielsteuerungen .

3 Um einen neuen Joystick, ein Gamepad oder einen Flugsteuerknüppel hinzuzufügen, klicken Sie im nachfolgenden Dialogfenster auf die Schaltfläche Hinzufügen... .

4 Daraufhin finden Sie eine Auswahl verfügbarer Spielsteuerungen:

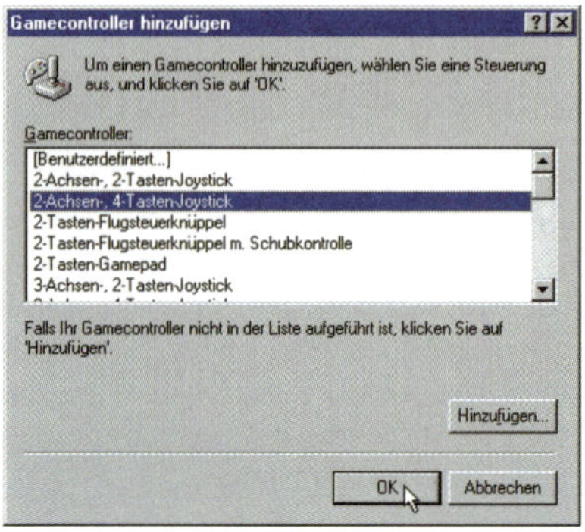

Insgesamt unterstützt Windows von Hause aus bereits über 20 verschiedene Joysticks. Darunter befinden sich auch Eingabegeräte spezieller Hersteller, beispielsweise von CH, Gravis, Logitech und Thrustmaster. Wenn Sie einen Joystick dieser Firmen besitzen, sollten Sie den entsprechenden Eintrag aus der Liste auswählen, etwa

Logitech WingMan.

Sollte Ihr Modell nicht aufgeführt sein, wählen Sie einen Standard-Joystick, beispielsweise

2-Achsen-, 4-Tasten-Joystick.

Schließen Sie das Dialogfenster per Mausklick auf die Schaltfläche

OK.

5 Der Joystick taucht daraufhin in der Liste der installierten Spielsteuerungen auf. In der Spalte

Status

erkennen Sie, ob der Joystick richtig angeschlossen wurde

(Eintrag OK),

oder ob die Verbindung unterbrochen ist

(Eintrag Nicht verbunden).

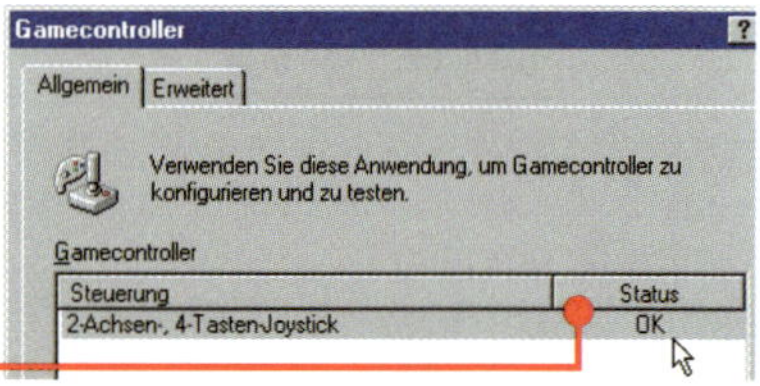

6 Bevor Sie den Joystick einsetzen können, müssen Sie ihn kalibrieren, das heißt einmalig die Grundstellung sowie die Reichweite der einzelnen Achsen festlegen. Markieren Sie hierzu den gewünschten Joystick

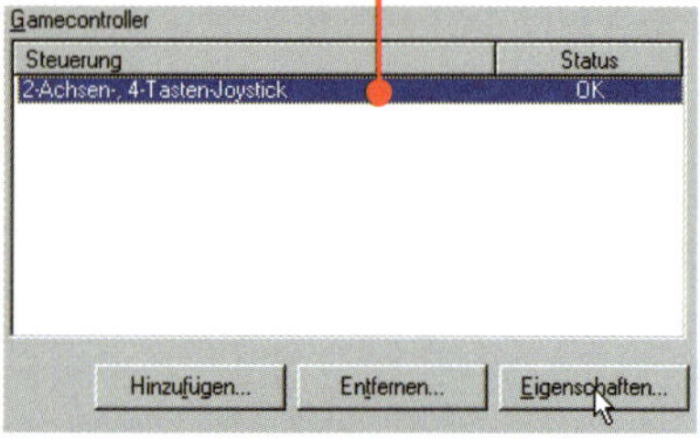

und klicken Sie auf die Schaltfläche

Eigenschaften....

7 Klicken Sie im nachfolgenden Dialogfenster

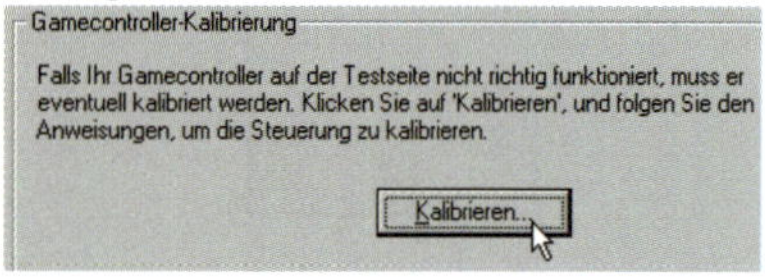

auf die Schaltfläche

.

8 Zum Kalibrieren belassen Sie den Joystick zunächst in der Ruhelage und drücken kurz eine der Feuertasten des Joysticks (ohne dabei den Steuerknüppel zu verschieben).

Anschließend bewegen Sie den Steuerknüppel einmal in alle Richtungen, so daß Windows ermitteln kann, wie weit sich der Joystick in die verschiedenen Richtungen bewegen kann.

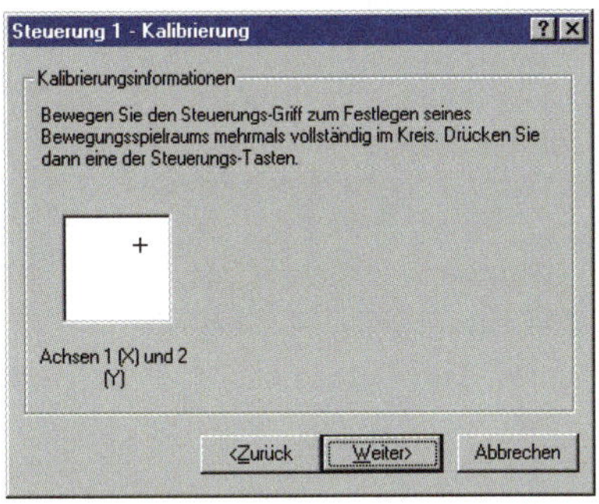

Klicken Sie danach erneut auf eine der Feuertasten. Zum Abschluß lassen Sie den Joystick wieder in der Ruhestellung und drücken eine Feuertaste. Danach klicken Sie mit der Maus auf die Schaltfläche

.

9 Um die Kalibrierung zu überprüfen, wechseln Sie zunächst in das Register „Testen“:

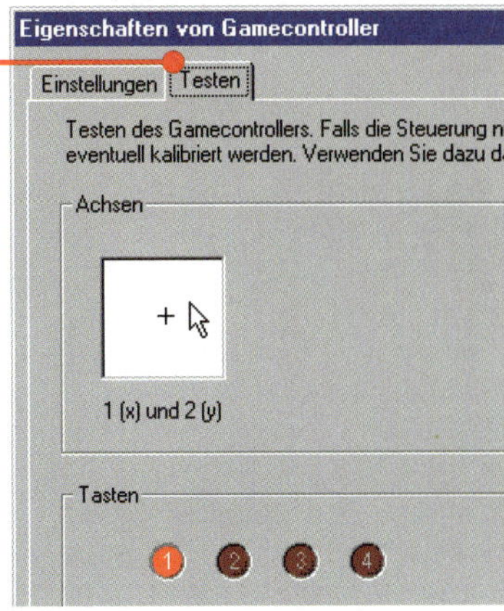

Hier sollte das kleine Kreuz im Feld

zu Beginn in der Mitte stehen und exakt den Bewegungen des Joysticks folgen. Außerdem sollten beim Drücken der Joysticktasten im Feld

entsprechenden Tastensymbole

aufleuchten. Falls der Test fehlschlägt, müssen Sie die Kalibrierung wiederholen (siehe Schritt 6).

10 Sobald der Joystick kalibriert ist, schließen Sie das Dialogfenster mit

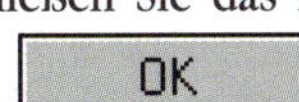

.

Der Joystick ist jetzt optimal für den Spieleinsatz vorbereitet.

Was ist eigentlich ...

Bildlauffeld

Das Bildlauffeld ist das kleine graue Kästchen innerhalb der → *Bildlaufleiste.*

Sie können das Bildlauffeld mit gedrückter Maustaste verschieben und dadurch den Fensterausschnitt verändern.

Bildlaufleiste

Eine horizontale oder vertikale Leiste am unteren beziehungsweise rechten Rand des Fensters. Sie erscheint immer dann, wenn der Inhalt einer Seite nicht ganz in das Fenster paßt. Über die Bildlaufleiste

können Sie den Ausschnitt beliebig verschieben, indem Sie auf die kleinen Pfeilschaltflächen klicken.

Bildschirmschoner

Wenn auf dem Monitor lange Zeit das gleiche Bild dargestellt wird, kann es sich in die Phosphorschicht des Bildschirms einbrennen. Es entstehen Geisterbilder, die Sie vielleicht von Monitoren an Flughäfen oder auf Bahnhöfen kennen. Um den Bildschirm vor dem Einbrennen zu schützen, können Sie Bildschirmschoner einsetzen.

Browser

Alle Programme, mit denen Sie → *World-Wide-Web*-Seiten darstellen können, werden Browser genannt. Hierzu gehören beispielsweise der Netscape Navigator und der Internet Explorer von Microsoft.

Was ist eigentlich ...

Byte

→ *MegaByte*

Channels

Einige Anbieter stellen sogenannte Kanäle zur Verfügung. Dabei handelt es sich um spezielle World-Wide-Web-Inhalte. Sie finden beispielsweise Kanäle mit Nachrichten, Kinotips oder aktuellen Neuheiten aus der Computer-Branche. Der Internet Explorer lädt auf Wunsch automatisch die Inhalte der Kanäle auf die Festplatte Ihres Computers. Somit sind die Inhalte der Kanäle stets auf dem neuesten Stand.

Defragmentieren

Um eine → *fragmentierte* Festplatte aufzuräumen und alle zerstückelten Dateien wieder in einem Stück zu speichern, können Sie sie defragmentieren.

DFÜ-Netzwerk

Das DFÜ-Netzwerk ist ein spezieller Systembereich des Betriebssystems Windows 98. Es ermöglicht den Zugang zum Internet mit Hilfe eines angeschlossenen → *Modems.*

Dialogfenster

Jedes Programm blendet von Zeit zu Zeit ein Fenster ein, in dem Sie sozusagen zu einem Dialog aufgefordert werden. In den meisten Fällen können Sie in einem Dialogfenster unterschiedliche Optionen und Einstellungen vornehmen oder eine bestimmte Auswahl treffen. Um die

Was ist eigentlich ...

vorgenommenen Einstellungen wirksam werden zu lassen, klicken Sie im Dialogfenster auf die Schaltfläche

OK.

dpi

Die Abkürzung für dots per inch (Punkte pro Zoll) gibt an, wie viele Druckpunkte pro Zoll der Drucker auf dem Papier druckt. Ein Zoll entspricht etwa 2,54 Zentimetern.

Druckertreiber

Fast jeder Drucker verwendet unterschiedliche Befehle zum Steuern des Druckvorgangs. Damit Windows weiß, welche Befehle der angeschlossene Drucker versteht, dient der Druckertreiber praktisch als Dolmetscher zwischen dem Betriebssystem und dem Drucker. Er übersetzt die Windows-Befehle in die druckerspezifische Sprache.

Einwahlknoten

Jeder Internet-Anbieter stellt Einwahlknoten bereit, über die Sie Ihren Computer via Telefonleitung mit dem Netzwerk des Internet-Anbieters und dadurch mit dem Internet verbinden können.

Festplatte

Damit Ihre Daten beim Ausschalten des Computers nicht verlorengehen, werden diese auf die Festplatte gespeichert. Auf der Festplatte Ihres Computers

Was ist eigentlich ...

sind beispielsweise das Betriebssystem Windows und Anwendungsprogramme gespeichert.

Formatieren

Bevor Sie eine Diskette nutzen können, müssen Sie sie formatieren. Bei diesem Vorgang wird die Diskette in einem speziellen Verfahren in Spuren und Sektoren aufgeteilt, so daß Windows auf der Diskette Daten speichern kann.

Fragmentiert

Das Betriebssystem speichert Dateien auf der Festplatte oftmals nicht in einem Stück, sondern verteilt sie in mehreren Stücken (Fragmenten) auf freie Bereiche der Festplatte. Die Datei ist somit fragmentiert. Auf die Funktionsfähigkeit der Datei hat das keinen Einfluß, allerdings dauert der Lesevorgang länger, da der Schreib-/Lesekopf der Festplatte zuerst die einzelnen Dateifragmente zusammensuchen muß.

Homepage

Die erste Seite eines World-Wide-Web-Angebots wird „Homepage" oder „Startseite" genannt.

Hyperlink

Ein Hyperlink ist eine Verknüpfung innerhalb einer World-Wide-Web-Seite zu einer anderen World-Wide-Web-Seite. Im Text einer Web-Seite sind Hyperlinks meist blau und unterstrichen dargestellt. Wenn Sie mit der linken Maustaste auf einen Hyperlink klicken, „springen" Sie

Was ist eigentlich …

praktisch zu der Seite, zu der der Hyperlink führt.

Internet-Adresse
Damit Sie eine der über 30 Millionen Internet-Seiten aufrufen können, verfügt jede Seite über eine individuelle und weltweit einmalige Internet-Adresse, ähnliche Ihrer persönlichen Postadresse. Jede Internet-Adresse beginnt mit http://, gefolgt von der eigentlichen Adresse, beispielsweise http://www.kostenlos.de für eine Seite, die sich mit kostenlosen Schnäppchen befaßt. Die Seite der Firma Microsoft hat die Adresse http://www.microsoft.de.

Internet-Anbieter
Der Internet-Anbieter ermöglicht Ihrem Computer den Zugang zum weltweiten Internet. Für eine monatliche Pauschale oder eine zeitabhängige Gebühr – zum Beispiel 3 Mark pro Stunde – können Sie sich via → *Modem* in den Computer des Internet-Anbieters einwählen und dann im → *World Wide Web* stöbern.

KiloByte
→ *MegaByte*

Kontrollkästchen
In zahlreichen → *Dialogfenstern* können Sie mit Hilfe der Kontrollkästchen eine Einstellung ein- oder ausschalten. Sie brauchen lediglich auf das Kontrollkästchen zu klicken, um es mit einem Häkchen zu versehen (eingeschaltet)

Was ist eigentlich …

oder das Häkchen zu entfernen (ausgeschaltet).

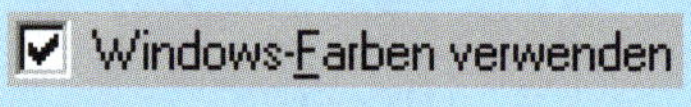

Listenfeld
In → *Dialogfenstern* haben Sie die Möglichkeit, mit dem Listenfeld eine Auswahl zu treffen. Hier können Sie beispielsweise einen Dateinamen oder einen Ordnernamen auswählen. Sie öffnen das Listenfeld, indem Sie mit der linken Maustaste auf den nach unten weisenden Pfeil des Listenfelds klicken. Anschließend können Sie auf den Listeneintrag klicken, den Sie auswählen wollen.

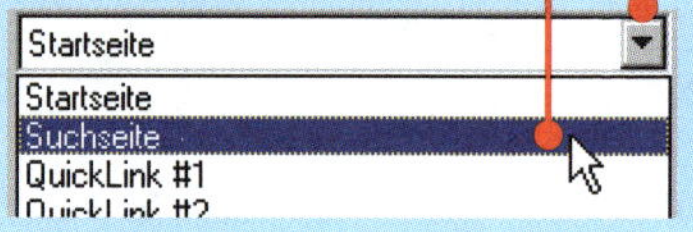

MegaByte
Eine Größenordnung für Speicherplatz. Jedes Zeichen im Computer benötigt 1 Byte Speicherplatz.
1 000 Byte werden ein KiloByte (KB) genannt und 1 000 KiloByte – also 1 000 000 Byte – sind ein MegaByte (MB). In 10 MegaByte Speicherplatz kann der Computer demzufolge 10 000 000 Zeichen speichern.

Modem
Modem ist die Abkürzung von Modulator/Demodulator und stellt ein spezielles Gerät zur Datenübertragung über die normale Telefonleitung dar. Das

Was ist eigentlich ...

Modem ist an den PC sowie an die Telefondose angeschlossen und wandelt die digitalen Daten des Computers in analoge Signale um, die dann über die Telefonleitung verschickt werden. Das Modem ist somit eines der wichtigsten Geräte, um im → *World Wide Web* zu „surfen".

Option/Optionsfeld

In den meisten Dialogfenstern können Sie in Optionsfeldern eine von mehreren verfügbaren Optionen (Einstellungen) auswählen. In einem Optionsfeld kann immer nur eine einzige der verfügbaren Optionen aktiv sein. Welche Option gerade ausgewählt ist, erkennen Sie anhand des schwarzen Punktes links neben der Option. Um eine andere Option auszuwählen, klicken Sie einfach auf das jeweilige runde Feld links neben der Option.

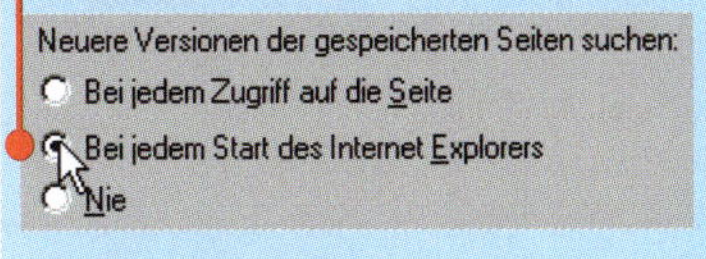

Parallele Schnittstelle

Jeder Computer verfügt hinten am Gehäuse über eine parallele Schnittstelle, an die Sie Ihren Drucker anschließen können. Die Verbindung heißt „Parallele Schnittstelle", da die Daten nicht hintereinander, sondern auf mehreren Leitungen gleichzeitig nebeneinander übertragen werden können.

Was ist eigentlich ...

Pfad

Der Pfad ist praktisch die Adresse einer Datei auf der Festplatte. Wenn Sie beispielsweise einen Brief namens „Anfrage.doc" auf dem Laufwerk C: im Ordner „Briefe" speichern, verfügt die Datei über den Pfad „C:\Briefe\Anfrage.doc".

Provider

→ *Internet-Anbieter*

Sektoren

→ *Formatieren*

Symbolleiste

Die Symbolleiste eines Programms befindet sich in der Regel am oberen Rand des Programmfensters. Hier finden Sie verschiedene Schaltflächen, hinter denen sich unterschiedliche Befehle verbergen. Zumeist handelt es sich dabei um die Befehle, die Sie am häufigsten benötigen. Ein Mausklick auf eine Schaltfläche genügt, um den jeweiligen Befehl auszuführen.

Systemabschluß

Wenn Sie die Arbeit mit Windows 98 beenden, sollten Sie den Computer nicht einfach ausschalten, sondern einen Systemabschluß vornehmen. Windows speichert dann noch nicht gesicherte Daten auf die Festplatte und teilt Ihnen mit, sobald Sie den Computer gefahrlos ausschalten können.

Was ist eigentlich ...

Task
Ein Task ist ein aktives Programm. Wenn Sie beispielsweise drei Programme starten, sind drei Tasks aktiv.

Task-Leiste
Die Symbolleiste von Windows am unteren Bildschirmrand. Am linken Rand der Task-Leiste befindet sich die 

-Schaltfläche.

Treiber
Der Treiber ist die Schnittstelle zwischen Windows 98 und einer Hardware-Komponente, beispielsweise der Grafikkarte oder dem Drucker. Dank des Treibers kann Windows auf die Hardware zugreifen und alle Funktionen der Komponente nutzen.

Was ist eigentlich ...

Verknüpfung
→ *Hyperlink*

World Wide Web
Das World Wide Web ist ein Teilbereich des weltweiten Internets. Es gibt mehrere Millionen World-Wide-Web-Seiten, auf den die unterschiedlichsten Informationen zu finden sind. Zur Darstellung der World-Wide-Web-Seiten benötigen Sie einen sogenannten Browser, beispielsweise den Internet Explorer.

Zwischenablage
Die Zwischenablage ist ein temporärer Zwischenspeicher von Windows. Hier können Sie kurzzeitig Daten ablegen und in einem anderen Programm wieder einfügen. Beispielsweise läßt sich aus einem Grafikprogramm eine Grafik in die Zwischenablage legen und anschließend aus der Zwischenablage in einen Brief einfügen. Die Zwischenablage ist somit die Schnittstelle für den Datenaustausch zwischen zwei Programmen.

Stichwortverzeichnis

Lektorat: Susanne Kranz
Umschlaggestaltung: Volkmar Schwengle/BuW, Berlin
Fotos: Bildagentur Mauritius
Satz: LVD GmbH, Berlin
Druck und Weiterverarbeitung: Ebner Ulm
Printed in Germany
ISBN 3-548-41120-7

Gedruckt auf alterungsbeständigem Papier
mit chlorfrei gebleichtem Zellstoff

Die Deutsche Bibliothek - CIP-Einheitsaufnahme

Windows 98 – kurz und bündig /
Prinz & Müller. -
Berlin: Ullstein, 1998 (ComputerBild)
ISBN 3-548-41120-7